Merve
Verlag

Dirk Baecker

Postheroisches Management
Ein Vademecum

Merve Verlag Berlin

Die Deutsche Bibliothek - CIP-Einheitsaufnahme

Baecker, Dirk:
Postheroisches Management : ein Vademecum / Dirk Baecker.
- Berlin: Merve-Verl., 1994
  (Internationaler Merve-Diskurs ; 185)
  ISBN 3-88396-117-5
NE: GT

© 1994 Merve Verlag
Postfach 150 927, 10671 Berlin.
Printed in Germany.
Druck- und Bindearbeiten: Dressler, Berlin.
Umschlagentwurf: Jochen Stankowski, Köln.
ISBN 3-88396-117-5

Inhalt

"Be stupid!"
(Robert Wilson)

"Complicate yourself!"
(Karl E. Weick)

Vorwort

Die Absicht dieses Buches ist es nicht, Management als eine Form der Lebenskunst zu beschreiben. Aber ganz vermeiden ließ es sich nicht. Das hat einen einfachen Grund. Management ist in seinen besten Momenten nichts anderes als die Fähigkeit, Irritationen in Ordnungen und Verfahren umzusetzen, die für weitere Irritationen empfänglich und empfindlich bleiben. Management ist die Fähigkeit, mit Ungewißheit auf eine Art und Weise umzugehen, die diese bearbeitbar macht, ohne das Ergebnis mit Gewißheit zu verwechseln.

Postheroische Elemente des Managements setzen sich nur langsam in unseren Organisationen durch. Sie arbeiten gegenläufig zu deren Prinzip der Absorption von Ungewißheit, des Wegarbeitens des Zweifels. Oft stehen sie auf verlorenem Posten. Vielfach will man nichts von ihnen wissen. Und dennoch sind sie die andere Seite einer Medaille, deren bekanntere Seite einer "unentrinnbaren Bürokratisierung" man seit Max Weber oft genug beschrieben hat.

Axel Schnorbus war in den vergangenen drei, vier Jahren bereit, einen Großteil der hier wiederabgedruckten Kommentare im "Blick durch die Wirtschaft" zu veröffentlichen. Er wies mich auf die ebenso problembewußte wie fluchtbereite Aufmerksamkeitsstruktur von Managern hin und gab mir damit einen Leitfaden an die Hand, der es mir erlaubte, meine Fragestellung aus dem Blickwinkel des Gegenstands heraus zu reflektieren, den ich zu beleuchten versuche. Weitere Kommentare habe ich eigens für dieses Buch geschrieben.

Berlin, im April 1994   Dirk Baecker

Der Laden

Was mag die Redaktion der Brockhaus-Enzyklopädie wohl bewogen haben, das Stichwort "Gemischtwarenladen" wieder in den neuen Brockhaus aufzunehmen,[1] nachdem die Auflage von 1969 noch darauf verzichtete? Handelt es sich um Nostalgie? Will die Redaktion einen Beitrag zur Rettung vom Aussterben bedrohter Wörter leisten? Oder glaubt sie, wir könnten das Wort wieder brauchen, vielleicht mit einem neuen Sinn ausstatten?

Was war das Kennzeichen des Gemischtwarenladen? Werner Sombart spricht in seinem großen Werk "Der moderne Kapitalismus" davon, daß der Gemischtwarenladen jener Laden meist außerhalb der städtischen Zentren war, "in dem *alles* feilgeboten wurde, was überhaupt an Waren in den Kleinhandel kam."[2] Im Brockhaus kann man jetzt lesen, daß der Gemischtwarenladen ein "kleiner bis mittelgroßer Betriebstyp des Einzelhandels mit breitem, aber flachem Sortiment" ist. Welchen neuen Sinn könnte man diesem Wort geben?

Eines der Kennzeichen des gegenwärtigen Nachdenkens über neue Formen des Managements und neue Organisationstechniken von Unternehmen ist die Betrachtung des Unternehmens als "Laden". Wie einst im Kolonialwarenladen, in dem die Kundin angesichts der Fülle fremder Waren ins Träumen und Kaufen geriet, so gerät heute der aufgeweckte Manager angesichts der Fülle kommunikativer Möglichkeiten ins Träumen

---

[1] Brockhaus-Enzyklopädie in vierundzwanzig Bänden. Neunzehnte, völlig neu bearbeitete Aufl., Bd 8, Mannheim: Brockhaus, 1989, S. 274.

[2] Der moderne Kapitalismus. 3 Bände. Nachdruck München: dtv, 1987, Bd II, S. 454.

und Organisieren. Einst waren die Waren die Utopie des Kapitalismus, heute sind es die Unternehmen selbst.

Das Unternehmen als Laden zu entdecken heißt, alles und jedes dem Vergleichskriterium zu unterwerfen, daß es auch anders organisiert werden kann und vor allem, daß man es auch andernorts kaufen könnte. Der Schritt aus dem Laden auf den Markt ist immer nur ein kleiner Schritt. Daß dieser Schritt selbst einem ökonomischen Kalkül gehorcht und daß man damit nicht nur Kaufentscheidungen, sondern auch Organisationsentscheidungen durchrechnen kann, ist die Entdeckung, für die Ronald Coase 1991 den Nobelpreis bekommen hat.

Aber es steckt noch etwas anderes im Wort vom Gemischtwarenladen. Ein echter Gemischtwarenladen lebt vom Durcheinander. Er lebt davon, daß alles so nah beieinander liegt, daß die Phantasie, was als nächstes zu kaufen wäre, sich immer wieder neu entzünden kann. Jede Ware stört und ergänzt jede andere und Gerüche ziehen durch den ganzen Laden, die ihm seine charakteristische Eigenheit geben. Man weiß, wo man ist, und kann doch jedes einzelne Element austauschen gegen jedes andere, kann auf ganze Warengruppen verzichten und vollkommen neue ins Programm aufnehmen. Am Laden ändert das nichts. An den Kunden allerdings kann es etwas ändern. Denn je nach dem, was dort im Durcheinander zu finden ist, sucht der Laden sich neue Kunden und suchen die Kunden sich einen neuen Laden.

Und genau das kann auch das moderne Unternehmen versuchen. Es kann die Dinge, die in ihm geschehen, näher zueinander bringen, kann Prinzipien der Arbeitsteilung und Kompetenzverteilung lockern und in den Grenzen, die die Sicherheitsbedingungen setzen, auf Phantasieentzündung durch Störung setzen. Wie sonst sollen Buchhaltung, Produktion und Marketing miteinander ins Gespräch kommen? Man kann sich darauf verlassen, daß schließlich ein ganz bestimmter unverwechselbarer Geruch den ganzen Laden durchzieht und nicht mehr, wie jetzt, jeder nur merkt, daß es jeweils anders riecht, wenn man die Tür zu einer anderen Abteilung öffnet. Nicht auseinander-halten, sondern mischen: das wäre die Devise.

Man wird feststellen, daß vom Geruch des Durcheinanders abhängt, welche Mitarbeiter das Unternehmen findet und zu welchen Leistungen es sie befähigt. Man wird feststellen, daß man vieles austauschen kann und der Geruch doch bestimmte Eigenheiten wahrt. Natürlich tauchen dauernd neue Nuancen auf. Sie zeigen an, was sich in der Welt geändert hat. Der Gemischtwarenladen: Das könnte ein Wort sein, das nicht nur die Beobachtung eines Warenangebots, sondern auch die Beobachtung der Arbeitsverhältnisse anleiten kann.

Turbulenzforschung

Ist es zureichend, sich über wirtschaftliche Zusammenhänge zu verständigen, indem man Konjunktur und Inflation, Arbeitslosigkeit und Wechselkurse, das Aufblühen und Sterben von Branchen, die Unterschiede zwischen Großunternehmen und Mittelstandsunternehmen sowie immer wieder neu und anders und doch unter immer ähnlichen Fragestellungen die Dynamiken von Organisationskulturen und -strategien, von Management und Personalführung, von Technologie, Ökologie und Risikomanagement betrachtet? Natürlich ist das zureichend. Alle wichtigen Fragen tauchen in diesem Katalog auf. Mit einer Ausnahme: Kaum noch jemand stellt die Frage nach dem Zusammenhang zwischen Ökonomie und Management. Man begnügt sich mit der Erkenntnis, daß das eine das Problem des anderen ist. Man hat es mit einer Unterscheidung zu tun, die alles erklärt, aber doch selbst im Dunkeln bleibt.

Die amerikanische Organisationssoziologie und die Wirtschaftstheorie sind inzwischen beide an einem Punkt angelangt, wo Turbulenzen, Chaos, Nicht-Linearitäten, Katastrophen, negative und positive Rückkopplungen als Instrumente eines theoretischen Verständnisses von Unternehmen einerseits und wirtschaftlichen Prozessen andererseits akzeptiert werden. Das ist ein interessanter Moment, weil paradoxerweise gerade die hochgetriebenen Abstraktionen der Theorien, die hier im Spiel sind, als erstaunlich praxisnah erscheinen. Und es ist auch deswegen ein interessanter Moment, weil überhaupt noch nicht absehbar ist, wie die Turbulenzforschung in der Wirtschaft mit der Turbulenzforschung in den Organisationen kombiniert werden kann.

Turbulenzforschung ist Erkundung von Rückkopplungen. Das alte Bild der Unternehmung, die als Preisnehmer agiert und keinen Einfluß auf das Marktgeschehen hat, ist nun auch theoretisch hinfällig. In den Mittelpunkt der Aufmerksamkeit rückt nun, daß alles, was das Unternehmen tut, die Bedingungen verändert, unter denen es etwas tut. Nicht nur hält die Welt nicht still, bis ein Unternehmen eine Entscheidung getroffen hat. Die Entscheidung selbst hat Auswirkungen, die die Voraussetzungen verändern, unter denen sie getroffen wurde.

Was heute unter Stichworten wie Netzwerkdenken, Selbstorganisation, Chaos und Synergetik verhandelt wird, ist im wesentlichen Turbulenzforschung unter der zusätzlichen Annahme, daß diese Turbulenz die Voraussetzung für das Entstehen von Ordnung sei. "Ordnung aus Unordnung" heißt das berühmt gewordene Prinzip des Kybernetikers Heinz von Foerster. Die entscheidende Frage ist heute, wieviel und welche Ordnung in der Unordnung vorausgesetzt werden muß, damit sichtbare und womöglich kalkulierbare Ordnung aus ihr entstehen kann.

Vor allem eines kann man aus der Turbulenzforschung für Ökonomie und Management lernen: Entwicklungen welcher Art auch immer sind in der Regel unumkehrbar. Was auch immer man tut, man verändert dadurch den Zustand der Wirtschaft oder den Zustand des Unternehmens und verändert damit die Bedingungen, unter denen man in Zukunft etwas tun kann. Das Dilemma, mit dem die Turbulenz den Manager konfrontiert, besteht darin, daß die Geschichte zwar festlegt, was gegenwärtig möglich ist, daraus aber in keiner Weise geschlossen werden kann, was die Zukunft bringen mag. Man ist der Gefangene seiner vergangenen Entscheidungen, ohne daraus auch nur eine einzige künftige Entscheidung ableiten zu können.

Fatalerweise kann man nicht mit Abwarten reagieren. Man muß Entscheidungen treffen und riskieren, dadurch eine Lösung für ein Problem zu finden, die weniger effizient ist als eine andere, die wenig später möglich wird. Man entscheidet sich für eine bestimmte Technologie in einem bestimmten Produktionsverfahren und erfährt später, daß es eine bessere Technologie gibt. Trotzdem ist man an seine Entscheidung gebunden. Man weiß noch nicht einmal, welche Technologie nun wirklich effizienter ist, denn inzwischen haben die Mitarbeiter sich an die bereits eingeführte Technologie gewöhnt, haben unter Umständen Verbesserungen vorgenommen, haben sie an die Umstände angepaßt und dadurch eine Technologie produziert, die ihre Vorteile gegenüber jeder anderen hat.

Es gibt, mit anderen Worten, keine Entscheidung, die sich isolieren und so ohne weiteres mit anderen vergleichen ließe. Jede Entscheidung wird sofort in ein Netzwerk anderer Entscheidungen eingeflochten, das bald niemand mehr durchschaut.

Die allgemeinen theoretischen Prinzipien, mit denen eine Beschreibung von Organisationen und Märkten heute rechnen kann, sind bekannt und werden laufend weiterentwickelt. Wie eine Beschreibung von Organisationen und Märkten aussieht, die mit diesen Prinzipien arbeitet, deutet sich jedoch gerade erst an.

Die Präferenz für das Kurzfristige

Die "Intelligenz" der Organisation, wenn es so etwas gibt, besteht darin, das Bestreben des Managers, seine Position zu sichern und die Formen, in denen er es realisiert, für die eigenen Zwecke zu nutzen. Man muß dann sogar damit rechnen, daß uneindeutig wird, ob die Aktivitäten des Managers seiner Karriere oder der Problembearbeitung innerhalb seines Unternehmens dienen. Im Idealfall sind beide Zurechnungen möglich *und unentscheidbar*.

In der amerikanischen Soziologie ist eine Studie von Henry Mintzberg schon fast zum Klassiker geworden, in der hervorgehoben wird, daß Manager in ihrer Arbeit all das präferieren, was sich schnell erledigen läßt, was anders ist als anderes und was sich nicht als in sich geschlossene Aufgabe, sondern als Fragment im Rahmen anderer Arbeiten darstellt.[3] Entscheidend sei, daß jede einzelne Arbeit nur Sekunden, allenfalls Minuten in Anspruch nimmt.

Das hängt einerseits damit zusammen, daß der Manager bei jeder Arbeit, die er verrichtet, das Gefühl hat, er verschwende hier nur seine Zeit, weil anderes dringlicher sei.

Das hängt andererseits aber auch damit zusammen, daß er alles liebt, was sich abbrechen und unterbrechen läßt. Und das gilt für die eigene Arbeit wie auch für die Arbeit der anderen.

---

[3] The Nature of Managerial Work, New York: Harper & Row, 1973.

Denn jede Unterbrechung bietet Chancen für neue Entscheidungen – und sei es nur für die Entscheidung, eine bestimmte Arbeit wieder aufzunehmen. Und natürlich ist es der Manager, der im Zweifel die Entscheidung trifft. Seine Entscheidungsmacht reicht zwar nur selten weiter als bis zu Akzentsetzungen. Aber diese Akzente treibt er tief in die Arbeitsabläufe aller anderen hinein.

Die Präferenz für das Kurzfristige, das Ungewöhnliche, das Auffällige zeigt sich auch daran, daß der Manager dazu neigt, Gerüchten, Spekulationen und Hörensagen wesentlich mehr Gewicht beizumessen als Routineberichten über Unternehmensfragen. Denn Gerüchte geben ihm die aktuelleren Informationen. Und mit Gerüchten kann er seinerseits alle anderen in Atem halten.

All dies aber steht ebensosehr im Dienst der eigenen Karriere und im Dienst der Sicherung und des Ausbaus der eigenen Position wie im Dienste einer Organisation, die für ihre eigenen Arbeitsweisen ebensosehr auf Kontinuierung von Routinen wie auf Unterbrechung, Irritation und Neuansatz dieser Routinen angewiesen ist. In diesen Unterbrechungen inszeniert sich der Manager und reflektiert sich das Unternehmen.

Zurück zu den Sachen

Wenn es so etwas gibt wie eine "japanische Herausforderung", dann liegt sie darin, daß sich in den Unternehmen der modernen Wirtschaft die Gewichte verschieben zwischen dem, was für selbstverständlich, und dem, was für unwahrscheinlich gehalten wird. Für selbstverständlich wurde in der europäischen und amerikanischen Wirtschaft gehalten, daß sich Arbeitsformen,

Produktionsverfahren und Organisationsmethoden finden lassen, die es erlauben, Produkte zu produzieren, für die es auf einem Markt eine Nachfrage gibt. Für unwahrscheinlich dagegen wurde gehalten, daß sich für diese Formen, Verfahren und Methoden auch das nötige Kapital findet. Die Finanzierung war der Engpaßfaktor, auf den sich dementsprechend ein Großteil der Aufmerksamkeit richtete und der im Zentrum einer ökonomischen Unternehmenstheorie stand und steht.

Das vielzitierte "Japan sagt Nein", für das Shintaro Ishihara und Akio Morita plädieren,[4] ist demgegenüber ein Plädoyer für eine Reorientierung der Aufmerksamkeit auf die Art und Weise, wie Unternehmen ihre Arbeit organisieren können, wenn nicht mehr das Kapital, sondern eine neuen Produktions- und Informationstechnologien angemessene Organisationsform der Engpaßfaktor ist. Die Marktlücke, die die Japaner lange Jahre ausgenutzt haben, sind technologieorientierte Produkte, für die wir bisher nur die Bezeichnung als "gadgets" gefunden haben – eine Bezeichnung, die klar macht oder machen soll, daß es sich um Produkte mit zweifelhaftem Gebrauchswert handelt.

Der Weg, den die Japaner beschreiten beziehungsweise lange Zeit beschritten haben, ist die langfristige Orientierung an kurzfristig änderungsbereiten Konsumentenwünschen. Die Organisation, die sie zu realisieren suchen, ist eine Unternehmensform, die dieser widersprüchlichen Orientierung gewachsen ist und eine hohe Marktempfindlichkeit mit einem extremen Interesse an Marktmacht als Garantie des Überlebens des Unternehmens zu verbinden weiß.

All das erwischte die Europäer und Amerikaner auf dem falschen Bein. Über einen nicht nur mühseligen, sondern unmög-

---

4   Japan sagt Nein: Der neue Trumpf in der japanisch-amerikanischen Beziehung. Übersetzt von Ariel Eisenherz, Bischofsheim: Kolumbus, 1990.

lichen, zwischen Euphorie und Enttäuschung schwankenden Prozeß der Imitation "japanischer" Verfahren müssen sie wieder lernen, worin nach Adam Smith ihre Stärke besteht: in einem laufenden "business reengineering", das sich für die Prozesse der Arbeitsteilung genauso interessiert wie für die einzelnen Aufgaben, die dabei zu kombinieren sind.

Arbeitsteilung war noch nie nur Auflösung komplexer Prozesse in isolierte Momente, wie Michael Hammer und James Champy uns jetzt glauben machen wollen,[5] sondern ging immer schon mit der Rekombination dieser Momente zu zunehmend unwahrscheinlichen Konstellationen einher. Die "japanische Herausforderung" zielt darauf, jene Entscheidung von Erich Gutenberg und anderen, die Frage der Organisation aus betriebswirtschaftlichen Erwägungen auszuklammern,[6] wieder rückgängig zu machen und statt dessen diese Frage wieder ins Zentrum zu stellen. Inzwischen weiß man, daß diese Herausforderung auch an die Japaner selbst gerichtet ist, die nach einem neuen, weniger auf die Balance um jeden Preis stabiler Sozialverhältnisse eingeschworenem Verhältnis von Politik und Wirtschaft – und von Organisation und Organisation – suchen.

Postheroisches Management ist so gesehen nichts anderes als ein Management, das sein Heldentum nicht mehr in der Verfügung über Kapitalvermögen und einer Inszenierung entsprechender Risikobereitschaften und Verantwortungen sucht, sondern einen neuartigen Spürsinn für die sachlichen und sozialen Dimensionen der Organisation von Arbeit und der Verteilung von Verantwortlichkeit entwickelt, die damit einher geht.

---

[5]   Reengineering the Corporation: A Manifesto for Business Revolution, London: Brealey, 1993.

[6]   So vor allem Erich Gutenberg, Die Unternehmung als Gegenstand betriebswirtschaftlicher Theorie, Berlin: Spaeth & Linde, 1929.

18

Das geht nur unheroisch, weil grandiose Gesten nicht geeignet sind, andere zur Mitarbeit anzuregen.

Das Dilemma der Rationalität

Ein Dilemma aller Organisation im privaten wie öffentlichen Bereich hat der amerikanische Organisationssoziologe Marshall W. Meyer auf den Begriff gebracht:[7] Der unbestreitbare Erfolg von Organisation liege darin, dort Rationalität einzuführen, wo zuvor Ungewißheit herrschte. Organisation macht Probleme lösbar. Sie überführt ungewisse Umwelten in formale Organisation.

Auf der anderen Seite jedoch tendiert jede erfolgreiche Organisation dazu, bürokratisch zu werden. Die Komplexität, Ungewißheit und Unlösbarkeit der Probleme, die man beherrschbar gemacht hat, kehrt innerhalb der Organisation und in der Form der Organisation selbst wieder zurück. Es gibt nichts einfacheres als Organisation, um die Welt überschaubar zu machen. Aber es gibt kaum etwas komplizierteres als die Organisation, die dabei entsteht. Das gilt für private Unternehmen, die sich lösbarer Probleme annehmen, aber auch für die öffentliche Hand, bei der alle Probleme ohne Lösungen landen.

Meyer zeichnet das Dilemma dessen auf, was man das heroische Zeitalter des Managements nennen könnte. Die umfangreiche Literatur zur Unternehmensberatung, Managementphilosophie und Organisationstheorie kreist zu Recht fast aus-

---

[7]   "The Growth of Public and Private Bureaucracies", in: Sharon Zukin und Paul DiMaggio, Hrsg., Structures of Capital: The Social Organization of the Economy, Cambridge: Cambridge UP, 1990, S. 153-172.

schließlich um dieses Dilemma. Was einst als ein einfaches Mittel zur Beherrschung einer komplexen Welt erschien, stellt sich nun selbst als unbeherrschbar heraus. Was einst als natürliches Komplement einer Welt der Freiheit erschien, wird nun zur größten Belastung. Die Organisation ist zur Falle geworden, aus der das Kapital und die Arbeitskraft nicht wieder herausfinden, die einst in der Organisation ihre effizientesten Wirkungsmöglichkeiten sahen. Kein Wunder, daß man von spekulativen Erregungen spricht, wenn man sich ansieht, was das Kapital auf den Finanzmärkten und die Arbeitskraft in der Schattenwirtschaft aller Art heute anstellen, um sich aus dieser Falle zu befreien.

Charles Handy zieht in seinem Buch über ein "The Age of Unreason"[8] eine einstweilige Summe aus der Literatur über Organisationsdilemmata dieser und anderer Art. Handy steht in der Tradition der Gurus des Managements wie W. Edwards Deming, der einst den Japanern das Qualitätsdenken nahegebracht hat, Peter F. Drucker, des Denkers eines "ökologischen" Modells des Unternehmens, und Tom Peters, des energischsten Propheten eines "kreativen Chaos" als Organisationsprinzip. Wie sie alle profitiert Handy davon, daß man anders über die Welt nachzudenken beginnt, wenn sich die einfachen Mittel der Rationalisierung der Welt als schwierig und irrational herausstellen.

Charles Handy plädiert für ein postheroisches Management, für eine Organisationsform jenseits des Dilemmas der unbeherrschbaren Mittel der Beherrschbarkeit. Wie für viele andere besteht auch für ihn der entscheidende Dreh darin, föderale und intelligente Organisationsstrukturen an die Stelle horizontaler und vertikaler Integration zu setzen. Er entwirft das in vielen Zügen verführerische Bild einer "Kleeblatt-Organisation", die

---

8   Boston: Harvard Business School Press, 1990.

geeignet ist, sowohl aus dem Wuchern der Bürokratie wie aus den unfreien Formen der Arbeit auszusteigen.

Die Kleeblattorganisation ist eine Komposition dreier verschiedener Arbeitskräfte:

– im Kern der Organisation arbeiten einige wenige hochbezahlte Profis, deren Zahl zu klein ist, um eine Bürokratie entstehen zu lassen;

– der größte Teil der Arbeit wird von selbständigen Subunternehmern erledigt, die ihre eigenen Herren sind, nicht für ihre Zeit, sondern für ihre Ergebnisse bezahlt werden und dank Telephon, FAX, PC und Modem zu Hause arbeiten können;

– drittens gibt es eine flexible Arbeitskraft, die zu Spitzenzeiten der Nachfrage eingestellt wird oder den Betrieb auch nachts und an Wochenenden aufrechterhält und aus Leuten besteht, die gutbezahlte Jobs und nicht Karrieren suchen.

Der Trick dieser Organisationsform, die nicht nur auf den Dienstleistungssektor und Elektronikunternehmen begrenzt sein muß, besteht darin, um den Preis eines sicherlich aufwendigeren Personalmanagements auf die Beherrschung der Umwelt zu verzichten. Man kann sich ein Netzwerk solcher Kleeblattorganisationen vorstellen, deren Verhältnis zueinander nicht mehr darauf beruht, daß sie verstehen, was die anderen treiben, sondern darauf, daß sie wissen, was sie wann von den anderen brauchen. Es wäre eine Welt der Nischen, die sowohl von Unternehmen wie von Individuen besetzt werden können und mehr Auswahlmöglichkeiten für beide zuläßt. Es wäre eine Welt, in der wir wissen müssen, an welche Leute wir uns wenden können. Die Konzerne schrumpfen auf Klubzentren zusammen, die man wegen ihrer hervorragenden Küche aufsucht. Nicht auszudenken, wie auch die Architektur unserer Städte von diesen Möglichkeiten profitieren würde.

Streßgefahren

Es sind nicht die großen Aufgaben und nicht die wirklichen Probleme, die unter Streß setzen. Gestreßt ist, wer nicht wahrhaben will, daß er vor einem Problem steht. Und der Streß selbst ist das unbelehrbare Bestreben, eine Aufgabe zu lösen, von der man weiß, wissen könnte, daß man sie so und jetzt nicht lösen wird. Man läßt nicht locker. Und je gestreßter man ist, desto weniger ist man bereit und imstande, nachzulassen. Ein Teufelskreis, aus dem es nur zwei Ausstiegspunkte zu geben scheint: beim ersten Anzeichen von Streß oder beim Zusammenbruch.

Der Streß ernährt sich von den Versuchen, ihn zu leugnen. Denn diese Versuche setzen ein Bewußtsein oder eine Gruppe – je nachdem, wo der Streß auftritt – einem Widerspruch aus, dem Widerspruch zwischen dem Vorliegen des Stresses und seinem Leugnen. Eine Gruppe kann, wenn sie ein Team ist, diesen Widerspruch fruchtbar machen. Man läßt den Streß und damit die Arbeitsintensität für einen gewissen Zeitraum zunehmen und gibt gleichzeitig den einzelnen Gruppenmitgliedern die Möglichkeit, von Zeit zu Zeit auszusteigen und sich vom Gruppenstreß zu erholen. Eine solche Taktik kann der Lösung einer Aufgabe förderlich sein. Einzelnen Individuen jedoch und Gruppen ohne Fähigkeit zur Teamarbeit steht diese Möglichkeit nicht zur Verfügung.

Der Organisationspsychologe Karl E. Weick hat diese und andere Ergebnisse der Streßforschung zusammengetragen, um die Umstände des Zusammenstosses zweier Flugzeuge der Gesellschaften Pan Am und KLM auf dem Ausweichflughafen Los Rodeos auf Teneriffa am 27. März 1977, der 583 Tote forderte, zu erklären.[9] Die Ergebnisse sind nicht nur für die allgemeine Unfallforschung, sondern auch für das Verständnis von Streß interessant:

1) Streß ist ein Phänomen nicht großer, sondern kleiner Diskrepanzen zwischen Anforderungen und Fähigkeiten; Streß lebt davon, daß man ihn nicht wahrhaben will.

Ein Bewußtsein oder eine Gruppe gerät unter Streß, wenn ein Gedanke, eine Aufgabe oder ein Ablauf unterbrochen wird. Sei es, weil irgend ein zugehöriges Element nicht auftritt, sei es weil etwas Unerwartetes dazwischen tritt. Sofort konzentrieren sich alle Aktivitäten auf die kleine Störung. Meist mit dem Erfolg, sie unmittelbar zu beheben. Wenn die Störung aber nicht behoben werden kann, hängt sich das Bewußtsein oder die Gruppe bildlich gesprochen an dieser Störung auf, bei gleichzeitigem Versuch, sie nicht ernst zu nehmen und endlich zur eigentlichen Aufgabe, zum eigentlichen Gedanken zurückzukehren. Das Bewußtsein oder die Gruppe werden vom Streß absorbiert. Man versucht zu springen und kann dabei nur fallen.

2) Streß führt dazu, daß gerade dann, wenn Kommunikation am wichtigsten wäre, am ehesten auf sie verzichtet wird, weil sie die Dinge nur zu komplizieren scheint.

Das ist ein wichtiger Punkt. Wir reden viel über unsere Schwierigkeiten, eine Sprache *über* komplexe Phänomene zu finden. Aber wir reden kaum über die vielleicht noch größere Schwierigkeit, *in* komplexen Situationen die richtigen Worte und Handlungen zu finden. Wir sind hier immer noch auf "Naturtalente" des Benehmens angewiesen, von denen wir weder wissen, wie sie zustande kommen noch wie wir sie uns erhalten können.

---

9   "The Vulnerable System: An Analysis of the Tenerife Air Desaster", in: Journal of Management 16 (3/1990), S. 571-593.

3) Wenn Streß auftritt, fallen Individuen gerne in alte Routinen zurück. Sie halten sich an das, was ihnen am besten und längsten vertraut ist, auch wenn für die gegenwärtige Situation längst neue, anspruchsvollere, kommunikativere und komplexere Routinen eingeübt worden sind. Wenn auch nur ein Element dieser neuen Routine nicht "sitzt", kann sie sich gegenüber der Versuchung nicht halten, das Problem so zu lösen, wie man es "früher" gemacht hat – im Zweifel heroisch und aggressiv.

4) Streß führt dazu, daß Gruppen, die dem Ideal der Teamarbeit möglicherweise verschworen sind, dieses Ideal aber nicht realisiert haben, genau dann in hierarchische Muster zurückfallen, wenn sie am schädlichsten sind. Nach dem Motto: der Älteste oder Erfahrenste oder Verantwortlichste wird es schon wissen, geht man gemeinsam an dessen Fehlern zugrunde, ohne ihm und sich eine Chance zu geben, einen Fehler einzusehen.

Die Gruppe erleidet unter Streß einen regelrechten Zustandswechsel: Sie springt von einem horizontalen Beziehungsmuster zurück in ein vertikales Beziehungsmuster. Und das heißt wie immer: Man verzichtet auf Kommunikation, in der die Hypothesen über die gegenwärtige Situation getestet werden könnten, die jeder einzelne hat. Man sorgt dafür, daß Kompetenzabgrenzungen respektiert werden. Und man achtet nicht mehr auf Informationen, die an der Peripherie der gegenwärtigen Situation auftauchen. Hierarchie ist optimal, wenn eine Aufgabe "blind" realisiert werden soll. Aber sie ist schädlich, wenn es darum geht, die Augen aufzumachen. Denn sie liefert zuviele Gründe, nicht hinzusehen oder nicht aufmerksam zu werden.

Deadlines für Teamarbeit

Kaum eine Idee wird in Managementphilosophien mit größerer Hoffnung verfolgt als die Idee der Teamarbeit. In der Literatur stößt man immer wieder auf enthusiastische Beschreibungen der Fälle, in denen Teamarbeit einmal gelungen ist. Wer so etwas einmal erfahren habe, suche trotz ausreichender Gegenbeispiele den Rest seines Lebens nach ähnlichen Erfahrungen.

Die Fülle der psychologischen und soziologischen Untersuchungen über Gruppenverhalten unter verschiedenen Bedingungen, über Streß und Konflikt, über Dominanzverhalten und Unterwerfungsbereitschaften, über die Tendenz zur wechselseitigen Bestätigung des Weltbildes, über die Möglichkeit, durch die Einführung von Dritten die Bindung zu stärken oder auch die Gruppe aufzulösen, ist immens. Aber es ist mit Gruppen wie mit den Elementarteilchen in der Atomphysik: Die meisten Modelle der Physik beziehen sich auf das Verhalten zweier Partikel. Hier können Vorhersagen von beeindruckender Komplexität getroffen werden. Doch sobald man ein drittes Partikel einführt, kann kein Physiker mehr sagen, was geschehen wird. Das eine zusätzliche Elementarteilchen ist intelligenter als die gesamte Physik. Denn es weiß, wie es sich verhält.

Die Gruppenforschung eignet sich denn auch besonders gut zur Kritik von Mythen. Zum Beispiel gibt es eine Reihe von Untersuchungen zur Brainstorming-These, der gemäß Individuen auf bessere Ideen kommen, wenn sie zusammen und nicht alleine nachdenken. Als könne man die Köpfe aneinander anschließen und nur ihre Stärken nutzen. Keine Frage, mancher Knoten kann sich lösen, wenn man hört, wie eine Kollegin einen Gedanken entwickelt. Aber in der Regel ist es doch eher der Abstand von kollektiven Prozessen und die Entlastung vom Gruppendruck, der den Mut gibt, sich die Dinge anders als gewohnt anzusehen.

Am ergiebigsten scheint ein Brainstorming zu sein, das in das Alltagsgeschehen einer Teamarbeit wie selbstverständlich eingeflochten wird. Man kann dann Einfälle zur eigenen Arbeit in die Werkstatt oder das Büro gleichsam probeweise einmal hineinrufen, ohne daß andere sofort reagieren müssen. Und der, der ruft, weiß dann, was er denkt, weil er hört, was er sagt.

Nach der Kritik der Mythen ist die zweite Aufgabe, die die Gruppenforschung erfüllen kann, die Korrektur von falschen Prämissen. Ein gutes Beispiel ist die Annahme, die Koordination von Teamarbeit setze die Koordination der Individuen voraus, die zusammen arbeiten sollen. Falsch. Nicht die Individuen müssen koordiniert werden, sondern das, was sie tun. Es kommt nicht darauf an, daß die Leute aufeinander einwirken, sondern darauf, daß ihre Verhaltensweisen ineinandergreifen. Zwischen diesen beiden Techniken liegen Welten, denn letztere setzt die Leute frei, sich ihre eigenen Gründe zu suchen, warum sie mitmachen. Und diese eigenen Gründe sind meistens verläßlicher als alle von außen oder gar von oben nahegelegten.

Am griffigsten für die Aufgaben des Managements ist die Gruppenforschung schließlich drittens dann, wenn sie sich ansieht, woran Gruppen scheitern können. J. Richard Hackman stellt in der Zusammenfassung verschiedener Untersuchungen verschiedener Gruppen von einem Streichquartett über eine Baseballmannschaft bis zu einem Marketingteam und einem Unternehmensvorstand einige typische Fehler in der Einrichtung von Teams zusammen:[10]

1. Nenne die Gruppe ein Team, aber behandele ihre Mitglieder als Individuen. Nichts behindert die Entwicklung einer Gruppenverantwortlichkeit verläßlicher.

---

[10] "Creating More Effective Work Groups in Organizations", in: ders., Hrsg., Groups That Work (and Those That Don't): Creating Conditions for Effective Teamwork, San Francisco: Jossey-Bass, 1990, S. 479-504.

2. Bleibe unklar in der Zuweisung von Autorität über die Gruppe und innerhalb der Gruppe, denn dann entstehen ausreichende Ängste, um Gruppenarbeit zu verhindern.

3. Überschätze die Selbstorganisationsfähigkeit der Gruppe und verzichte darauf, klare Grenzen der Aufgaben, der Ressourcen und der zur Verfügung stehenden Zeit anzugeben. Denn dann ist die Gruppe so sehr mit der Definition ihrer Aufgabe, dem Kampf um Ressourcen und der Suche nach dem Zweck ihrer Aufgabe beschäftigt, daß für alles andere entsprechend wenig Zeit bleibt.. Wer keine Fristen setzt oder gesetzt bekommt, kann Gelingen und Scheitern nicht unterscheiden.

4. Gib dem Team eine klare Aufgabe, aber verzichte darauf, für die organisatorische Unterstützung zu sorgen.

Die Gruppenpsychologie und -soziologie macht auf die Bedeutung formaler Voraussetzungen aufmerksam, die man allzu leicht übersieht, weil man Teamarbeit ja gerade wegen ihrer relativen Formlosigkeit und inhaltlichen Fülle sucht. Aber der Verzicht auf Hierarchie zugunsten des Teams ist kein Verzicht auf Form, sondern ein Wechsel der Form.

Gute Gründe für Hierarchie

Eines der vertracktesten Probleme in der Organisationstheorie ist die Frage: Hierarchie ja oder nein? Die Praxis der Unternehmen, die im Prinzip der Hierarchie wurzelt wie nirgendwo sonst, antwortet eindeutig: Ja. Hierarchie sichert – wenn schon nicht sachlich, so zumindest personell – die Entscheidbarkeit der Probleme. Viele neuere Managementphilosophien dagegen sehen in der Hierarchie das entscheidende Hindernis auf dem Weg zu einer änderungsfreudigen und lernfähigen Unternehmensorganisation.

Es wäre kurzschlüssig, Hierarchie mit der Ausübbarkeit von Macht gleichzusetzen, auch wenn das zunächst ihr auffälligster Aspekt ist. Aber historisch viel wichtiger ist die Errungenschaft der Ebenenunterscheidung und vertikalen Differenzierung. Denn nur so wird eine Arbeitsteilung zwischen Management und Produktion möglich, die beiden Seiten komparative Vorteile bringt. Der Unternehmenshistoriker Alfred D. Chandler, Jr., sieht in dieser Errungenschaft die "Managementrevolution" des 19. Jahrhunderts und in dieser Revolution eine der wichtigsten Voraussetzungen der Industrialisierung,[11] die schließlich mit Unternehmen nach dem Typ eines Handwerks oder eines Kontors nicht zu haben gewesen wäre.

Am Ende dieser Revolution stehen Unternehmen, die aus mehreren funktional unterschiedenen Einheiten bestehen und in denen eine Managementhierarchie einige der Aufgaben der Zuteilung von Ressourcen übernimmt, die vorher der Markt oder die Zunft gelöst hatten. Diese neuen Unternehmen ermöglichen dank neuer Technologien und neuer Märkte eine Massenproduktion, die rückwirkend genau diesen Unternehmenstyp erfordert. Das moderne Unternehmen mit seiner Managementhierarchie beginnt, ein Eigenleben zu führen und die Wirtschaft entsprechend umzuformen.

Manager beziehen ihre Verdienste mehr und mehr aus ihrer Professionalität und ihrem technischen Wissen – und weniger aus ihrem Familienhintergrund oder ihrem Geld. Ein eigenes Managementwissen entwickelt sich, wird kanonisiert und kann gelehrt werden. Das ist nicht unwichtig, besteht Management

---

[11] The Visible Hand, Cambridge, Mass.: Harvard UP, 1977; ders., Scale and Scope: The Dynamics of Industrial Capitalism, Cambridge, Mass.: The Belknap Pr. of Harvard UP, 1990.

doch ebensosehr aus der Kunst, bestimmte Dinge nicht zu berücksichtigen, wie aus der Fähigkeit, bestimmte Probleme zu lösen. Ein kanonisiertes Wissen, auf das man sich berufen kann, hilft dabei, bestimmte erwartbare Probleme zu lösen, ohne sich von anderen weniger erwartbaren irritieren zu lassen.

Die Funktion des Managements trennt sich von der Funktion des Eigentums, der Einfluß von Familie und Banken tritt zurück. Das Management verfolgt Langfristziele der administrativen Sicherung des eigenen Einflusses, das heißt, Profite werden nach Möglichkeit reinvestiert und nicht konsumiert – ein wichtiger interner Wachstumsfaktor.

Und je länger schließlich die Umwegproduktion wird, das heißt je mehr Unternehmen für die Produktion und nicht für den Konsum produzieren, desto mehr verdrängt der Allokationsmechanismus der Managementhierarchie den Allokationsmechanismus Markt.

Wenn man die Entwicklung mit Chandler so auf den Punkt bringt, ähnelt sie eher einem großen Mythos denn der Realität der modernen Wirtschaft. Es gibt denn auch genug Widerspruch gegen eine solche Darstellung. Arbeiter zum Beispiel führen in diesem Mythos ein Schattendasein und müssen in einem Komplementärmythos, dem der Humanisierung des Arbeitsplatzes, erst wieder ins rechte Licht gerückt werden. Die Kunst, bestimmte Dinge nicht zu berücksichtigen, wird durch Bemühungen der Wiedereinführung einer Managementethik wieder auf ein gesellschaftsverträgliches Maß zurechtgestutzt. Und auch die Rolle des Kapitals, das seinerseits nach Dispositionsspielräumen gegenüber dem Management sucht, scheint eher unterschätzt.

Man könnte sich als heilsames Gegenmittel gegen diesen Mythos eine Stufenhierarchie der Parasiten vorstellen: Das Management ernährt sich davon, daß die Produktion sich nicht selber koordinieren kann. Die Banken ernähren sich davon, daß das Management nicht über die Finanzmittel verfügt, die die Kontrolle sichern. Die Gewerkschaften ernähren sich davon, daß die Arbeiter ausgebeutet werden. Die Ethiker ernähren sich davon, daß all das viel zu gut funktioniert, um noch Zeit zu lassen für Probleme der natürlichen und gesellschaftlichen Umwelt. Und die Managementphilosophen schließlich legen den Finger auf die wunden Punkte dieses fröhlichen Treibens der Parasiten – und ernähren sich von der Plausibilität ihres Vorschlags, die ganze Hierarchie umzukehren und wieder bei denen anzufangen, die die Arbeit machen: Das Team als neue Leitparole.

Aber dieser Widerspruch gegen den Mythos zeigt nur, daß wir die Realität der modernen Wirtschaft unzureichend begriffen haben. Im Hinblick auf die Rolle des Managements trifft die Beschreibung Chandlers ja zu. Nur muß diese Rolle im Zusammenhang weiterer Faktoren gesehen werden.

Das klingt akademisch und ist es vielleicht auch. Aber es kommt darauf an, zu verstehen, daß jeder Versuch, Unternehmensorganisationen nichthierarchisch aufzubauen, aus guten Gründen die gesamte Managementtradition gegen sich hat, deren Leistungsfähigkeit in den westlichen Industrieländern auf eben dieser Hierarchie beruht. Alle Managementformen, die besser sind als Hierarchie, müssen mindestens so gut sein wie: Hierarchie.

Die Romanze der Führerschaft

Die Hierarchie als Prinzip der Organisation eines Unternehmens kombiniert einen wichtigen Vorteil mit einem wichtigen Nachteil. Der Vorteil ist, daß die Menge derer, die für das Treffen einer bestimmten Entscheidung eine Rolle spielen, extrem eingeschränkt wird. Man kann festlegen und alle können wissen, wer im Zusammenhang mit welcher Entscheidung warum und mit welchen Kompetenzen zu hören ist. Und man kann festlegen und alle können wissen, wessen Entscheidungen eine Rolle spielen und wessen Entscheidungen nicht. Je größer ein Unternehmen wird, desto hilfreicher ist diese Möglichkeit der Festlegung von Entscheidungsabläufen nach dem Prinzip der Befehlskette.

Damit geht ein zweiter Vorteil einher, den man auch nicht unterschätzen sollte: Man weiß im Zweifel, an wen man Probleme und Konflikte weitergeben kann, nämlich nach oben. Ob die Probleme und Konflikte dann dort oben dann tatsächlich oder nur innerhalb der Symbolismen des Pomps gelöst werden, ist zweitrangig. Entscheidend ist, daß man wieder Zeit für anderes hat und die oberen Ränge der Hierarchie beschäftigt glauben kann.

Der wichtigste Nachteil der Hierarchie folgt diesen Vorteilen auf der Spur. Er besteht darin, daß die Zuordnung von Verantwortung sehr leicht in eine Wegverteilung von Verantwortung verwandelt werden kann. Das ganze Geschick einer Bürokratie besteht darin, die Hierarchie zu einem Verschiebebahnhof von Problemen und Konflikten zu machen. Wenn mit diesen Problemen irgendwann keine hierarchischen Interessen mehr verbunden sind, ist ihre Chance, vergessen zu werden, letztendlich größer als die, gelöst zu werden.

Die Hierarchie ist eine Lösung für das Problem, Entscheidungsverfahren zu steuern, wenn eine Organisation größer wird.

Das darf man jedoch nicht mit der Aufgabe verwechseln, Entscheidungsverfahren zu steuern, wenn die Organisation komplexer wird. Komplexität hat mit Größe nur indirekt etwas zu tun. Komplexität heißt, daß mehr und mehr Aufgaben in der Organisation fallweise und vorübergehend miteinander verbunden sind, ohne daß man vorher wissen könnte, welche Aufgaben dies sind. Man kann die notwendigen Verbindungen dementsprechend nicht durch einen Stellenfahrplan im Vorhinein herstellen, sondern muß eine Möglichkeit finden, daß die Aufgaben sich je nach Bedarf selbst, wenn man so sagen darf, ihre jeweiligen Ansprechpartner und Lösungshilfen suchen.

In der gegenwärtigen Managementliteratur werden diese und andere Vor- und Nachteile der Hierarchie immer wieder gegeneinander ins Feld geführt, ohne daß man wüßte, ob man sich nur für oder gegen sie entscheiden soll.

Statt dessen wird eine neue Parole ausgegeben: die Parole der Führung. Diese Parole nimmt die Entdeckung der Hierarchieforschung beim Wort, daß es keine Hierarchie gibt, wenn die Untergebenen nicht mitspielen. Führung soll heißen, Anweisungen zu geben, die befolgt werden, weil die Untergebenen sich mit ihnen identifizieren. In der traditionellen Hierarchie dagegen wurden und werden im Zweifel nur Anweisungen befolgt, die in der "Indifferenzzone" der Geführten liegen, wie Chester I. Barnard feststellte.[12] In die Indifferenzzone fällt all das, wozu sich die Mitarbeiter mit der Unterschrift unter ihren Arbeitsvertrag einverstanden erklärt haben, was ihr Selbstverständnis nicht bedroht, ihren professionellen Erwartungen entspricht, kurz: was sie nicht überrascht und daher gleichgültig läßt. Führung konnte damals nur heißen, die Indifferenzzone so

---

[12]   The Functions of the Executive. Thirtieth anniversary edition with an Introduction by Kenneth R. Andrews, Cambridge, Mass.: Harvard UP, 1968.

umfassend zu machen, daß sie alle wesentlichen Organisationsaufgaben enthielt. Und das wiederum hieß, daß man die gegenüber den Organisationsaufgaben erwartungsgemäß gleichgültigen Untergebenen mit anderem beschäftigen mußte, sei es mit der Sorge um ihren Arbeitsplatz, sei es mit Lohn-, Gehalts- und Karrierefragen.

Wer heute von Führung spricht, will mit solchen Zynismen nichts mehr zu tun haben. Längst ist deutlich geworden, daß sie eine Fatalität aufweisen, die sich bitter an denen rächt, die sie pflegen. Heute will die Führung mit den Geführten ins Gespräch kommen.

Einer der Wege, der dies ermöglichen soll, ist die Aufforderung an die Führung, wieder mit Visionen aufzuwarten, die alle anderen motivieren können. Die Führung soll das Charisma entwickeln, das es allen anderen ermöglicht, über die Abgründe der Sozialdynamik in einer Organisation hinüberzusetzen. Allerdings gibt es genug Stimmen, die davor warnen, daß es sich bei dieser Idee der Führung um eine Romanze handeln könnte.[13]

Der charismatische Führer ist ein Produkt der Untergebenen eher als sein eigenes. Er dient als Ressource, die man einsetzt, wenn man die Dinge anders nicht mehr bewegen kann. Und er dient als Sündenbock, wenn sie dennoch schief laufen.

Die Idee der Führung steht voll und ganz in der Tradition des Hierarchiedenkens. Das bedeutet, daß sie eine Idee ist, die die Geführten akzeptieren müssen, wenn sie Erfolg haben soll. Und das bedeutet, daß die Gründe, aus denen sie akzeptiert wird, die Gründe von Untergebenen sind. Will man das? Die Situation ist verfahren. Man muß aufpassen, welche Ideen man ent-

---

[13] James R. Meindl, "On Leadership: An Alternative to the Conventional Wisdom", in: Barry M. Staw und L. L. Cummings, Hrsg., Research in Organizational Behavior, Bd 12, Greenwich, Conn.: JAI, 1990, S. 159-203.

wickelt. Denn die, um die es geht, machen sich ihren eigenen Reim auf die Dinge. Sonst würde auch kaum noch etwas funktionieren.

Die Effizienz des Widerspruchs

Eine der wichtigsten Bedingungen der nach wie vor großen Organisationserfolge von Hierarchie liegt freilich darin, daß sie Mittel und Wege gefunden hat, die Widersprüche, die sie auszeichnen, in eine Art Garantie der Dauerversorgung der Organisation mit Problemen und Lösungsangeboten umzusetzen.

Dank der Untersuchungen des Pariser Anthropologen Louis Dumont, der die indische Hierarchie der Kastengesellschaft mit der europäischen Idee einer individualistischen Gesellschaft verglichen hat, weiß man inzwischen, daß die Hierarchie ein Ordnungsprinzip ist, das sich selbst als die Lösung des eigenen Widerspruchs in Szene setzt. Worin besteht dieser Widerspruch? Er besteht darin, daß die Hierarchie ein Verhältnis zwischen einem übergeordneten Ganzen und seinen untergeordneten Teilen behauptet, in denen diese Teile einerseits dem Ganzen entgegengesetzt werden (sonst könnten sie sich als Teile nicht behaupten), das Ganze jedoch andererseits die Teile umgreift (sonst wäre es nicht das Ganze dieser Teile). Dumont spricht von einem "englobement du contraire,"[14] das eine im Prinzip unmögliche Balance zwischen dem Eigensinn der Teile und dem Eigensinn des Ganzen wahren soll und dies nur kann, indem man nicht nur von dem Ganzen und seinen Teilen, sondern

---

14   Essais sur l'individualisme: Une perspective anthropologique sur l'idéologie moderne, Paris: Seuil, 1983, S. 214 f.

überdies von Über- und Unterordnung spricht. Die Hierarchie ist eine Devise der Entparadoxierung, die die Paradoxie zwar allererst schafft, um die es ihr geht, sie aber zugleich auch unsichtbar macht.

Der Widerspruch ist eine Paradoxie, denn die eine Seite des Widerspruchs widerspricht nicht nur der anderen Seite, sondern sie gilt nur, *weil* die andere gilt, für die dasselbe gilt. Die beiden Seiten heben sich nicht auf, sondern sie erfordern sich. Ein Teil ist nur autonom innerhalb eines Ganzen, das genau diese Autonomie leugnet und voraussetzt zugleich.

Der Soziologe Talcott Parsons hat auf anderen Wegen dieselbe Paradoxie aufgedeckt. Er beschreibt die Hierarchie innerhalb einer Organisation als Bedingung der Konditionierbarkeit autonom gesetzter Ebenen.[15] Eine untere, mittlere und obere Ebene in der Organisation werden vor allem deswegen unterschieden, damit man dort nach jeweils eigenen Regeln seiner Arbeit nachgehen kann (Sachbearbeitung auf der unteren, Management auf der mittleren, Zielsetzung und Außenkontaktwahrnehmung auf der oberen Ebene), ohne daß man damit die Möglichkeit aufgeben würde, diese Ebenen dafür empfindlich und empfänglich zu machen, was auf den jeweils anderen Ebenen passiert. Die Hierarchie ist ein Ordnungsprinzip, das weitgehende Indifferenz der Ebenen füreinander mit punktuell hochgetriebener Sensitivität verbindet. Die sogenannte "Befehlskette" ist nichts anderes als eine Beschreibung der Punkte, an denen diese Sensitivität erwartbar gemacht und durchgesetzt wird.

Die Managementrevolution des 19. Jahrhunderts, von der Alfred D. Chandler spricht,[16] ist nichts anderes als ein Produkt

---

15   "Some Ingredients of a General Theory of Formal Organization", in: ders., Structure and Process in Modern Societies, New York: Free Pr., 1960, S. 59-96.

16   The Visible Hand, a.a.O.

dieser Widerspruchseffizienz der Hierarchie. Denn das Management ist die Fähigkeit, mal die Seite der Autonomie des Teils oder der Ebene und mal die Seite des Ganzen oder der Konditionierung der unteren durch die obere Ebene stark zu machen, ohne sich jemals auf eine der beiden Seiten festlegen zu lassen. Der Manager ist ein Widerspruchskünstler. Gegenüber dem Vorstand beruft er sich auf seine Abteilung, gegenüber seiner Abteilung auf den Vorstand – dies jedoch nur in der Form, daß er sich gegenüber dem Vorstand auf eine Abteilung beruft, in der er sich auf den Vorstand beruft, und gegenüber der Abteilung auf einen Vorstand, gegenüber dem er sich auf seine Abteilung beruft. Beiden Seiten macht er klar, daß er deren Interessen wahrt, indem er die Interessen der anderen Seite durchsetzt. Und beide Seiten wissen, daß er letztlich seine eigenen Interessen einsetzt – und verlassen sich genau deswegen auf ihn. Und dieser Mechanismus funktioniert, weil nur Verweise auf den Markt, auf die Produktion, auf mögliche Strategien und Gewinnchancen, kurz: Verweise aufs Geschäft, die Zirkel der Widersprüche zu entfalten erlauben. Und das treibt die Organisation aus ihren Widersprüchen heraus und in neue hinein, die ihrerseits fruchtbar gemacht werden können.

In der Ausbeutung dieser Widersprüche war der Manager lange Zeit dem Eigentümer überlegen, der erst in jüngerer Zeit seinen eigenen Widerspruch wiederentdeckt und weiterentwickelt, den Widerspruch nämlich, daß nur ein mobilisierbares Kapital ein investierbares Kapital ist, so daß die Eigentums- und Eigentümerbindung an ein Unternehmen nur aus der Auflösbarkeit dieser Bindungen ihre Durchgriffskraft gewinnt. Hier wie dort resultiert der Widerspruch aus der Möglichkeit, Nein sagen zu können, damit aber nicht zu leugnen oder gar zu vernichten, was verneint wird, sondern es zu variieren. Der Widerspruch ist eine Technik der fallweisen Negation unter der Bedingung der generellen Affirmation. Denn immerhin *spricht* der

Widerspruch noch. Er hält die Kommunikation aufrecht. Er wechselt nur die Adressen.

We never cease to attack this paradox

Alle großen Organisationsideen sind mehr oder weniger direkt als Entfaltungen des Hierarchieparadoxes zu beschreiben. Das gilt für die Arbeitsteilung bis hin in ihre tayloristische Form, die es, wie Niklas Luhmann analysiert hat, mit der Unvereinbarkeit einer sowohl optimalen Zergliederung wie optimalen Reintegration und Funktionalisierung der einzelnen Arbeitsaufgaben zu tun hat und diese Reintegration und Funktionalisierung einer Stelle überlassen muß, die sowohl Stelle unter anderen Stellen wie auch Ausdruck des Ganzen sein muß.[17] Einem Beobachter der Arbeitsteilung fällt auf, daß die immer neu analysierte Seite der Arbeitsprozesse und die immer neu rekombinierende Seite der Prozeßplanung füreinander in wesentlichen Hinsichten unverfügbar sind und Arbeitsteilung trotzdem oder vielleicht sogar nur deswegen funktioniert.

Der Industriesoziologe Thomas Malsch hat dies in den Begriff eines "Kreislauf des Wissens" gebracht.[18] Dieser Kreislauf läßt sich an nahezu beliebigen Stellen unterbrechen (asymmetrisieren) und in unterschiedliche Kombinationen der Verar-

---

[17] Siehe: Zweckbegriff und Systemrationalität: Über die Funktion von Zwecken in sozialen Systemen, Neuausgabe Frankfurt am Main: Suhrkamp, 1977, S. 121.

[18] "Die Informatisierung des betrieblichen Erfahrungswissens und der 'Imperialismus der instrumentellen Vernunft'", in: Zeitschrift für Soziologie 16 (1987), S. 77-91.

beitung von Material, Arbeit, Kapital und Kommunikation hinein entfalten – ein unter Organisationstheoretikern lange übersehenes Tummelfeld von Betriebsingenieuren, das erst jüngst dank des Einzugs von computergestützten Produktions- und Informationstechnologien wieder mehr Aufmerksamkeit erfährt.

Eine andere Organisationsform des Hierarchieparadoxes ist die Divisionalisierung, für die vor allem Alfred P. Sloan von General Motors berühmt geworden ist. Er war denn auch einer der ersten, dem auffiel, daß das Organisationsprinzip der Untergliederung eines Unternehmens in Abteilungen nach welchem Prinzip auch immer (funktional, regional oder marktsegmentbezogen) nicht nur bestimmte Abläufe reibungsloser zu gestalten erlaubt, sondern zugleich völlig neuartige Reibungen heraufbeschwört. Die Autonomie einer Abteilung wird konzediert und geleugnet zugleich. Sie ist nie eine vollständige, sonst hätte das Gesamtunternehmen nichts von ihr. Dezentralisierung und Kontrolle schließen sich aus und erfordern einander wechselseitig. "We never ceased to attack this paradox," schreibt Sloan in seiner Autobiographie.[19]

Eine der einfachsten und trickreichsten Formen des Hierarchieparadoxes ist jedoch die Matrixorganisation, die die klassische "a man cannot serve two masters"-Regel der älteren Verwaltungs- und Organisationslehre[20] durch die ihr direkt wider-

---

[19] My Years with General Motors, hrsg. von John McDonald mit Catharine Stevens, New York: Doubleday, 1972, S. 159.

[20] Siehe zum Beispiel Luther Gulick, "Notes on the Theory of Organization", in: ders. et al., Hrsg., Papers on the Science of Administration, New York: Institute of Public Administration, 1937, S. 1-45.

sprechende "one man two bosses"-Regel ersetzt.[21] Man ersetzte die "unity of command" durch ein "multiple command" und schlug alle Warnung, dies verwirre den Arbeiter nur und mache es unmöglich, ihn zur Verantwortung zu ziehen, in den Wind. Die Matrixorganisation zieht die Hierarchieparadoxie von den Grenzen zwischen Abteilungen und Ebenen hinein in jede einzelne Stelle, die grundsätzlich zwei Stellen gegenüber verantwortlich ist und daher systematisch und durchaus verantwortbar auf den Widerspruch der einen Stelle gegen eine andere Stelle verweisen kann. Letztlich ist die Matrixorganisation nichts anderes als eine Aufforderung, den Widerspruch zu kommunizieren, und zwar organisations-, also entscheidungsrelevant, nämlich bezogen auf die Aufgaben verschiedener Stellen.

Dies gelang jedoch wohl nur ausnahmsweise. Die Organisationspraxis und -literatur war jahrelang damit beschäftigt, die immer wieder auftretenden Mißerfolge zu erklären und Einsatzbedingungen für eine erfolgreiche Matrix zu umgrenzen. Schließlich wurden diese Bemühungen durch die Idee selbständiger profit center und durch ein wachsendes Interesse an kleineren Unternehmenseinheiten weitgehend erübrigt.

Die Paradoxie der Hierarchie fand einen neuen Ausdruck im direkten Widerspruch von Projektmanagement und Teamarbeit gegen eine hierarchische Organisation der Arbeitsabläufe. Die Organisationsberater Peter Heintel und Ewald Krainz haben das Projektmanagement zurecht als eine direkte Form des Widerspruchsmanagements beschrieben.[22] Das Projektmanagement ist die andere Seite der Hierarchie. Die Hierarchie kann beob-

---

21   Siehe Gerhard Reber und Franz Strehl, Hrsg., Matrix-Organisation: Klassische Beiträge zu mehrdimensionalen Organisationsstrukturen, Stuttgart: Poeschel, 1988.

22   Projektmanagement: Eine Antwort auf die Hierarchiekrise? Wiesbaden: Gabler, 1988.

achten, daß sich Arbeit unter weitgehendem Verzicht auf Konditionierungen durch andere Ebenen organisieren läßt. Das Projektmanagement wiederum muß jedoch erfahren, daß sich dieser Verzicht nicht aufrechterhalten läßt, wenn nicht zumindest auf den Ebenen der Ressourcenzuweisung und der Terminsetzung und nicht zuletzt auch auf der Ebene der Wiedereinfädelung der Projektergebnisse in die Hierarchie präzise Konditionierungen greifen würden.

Es bleibt offensichtlich dabei: die Paradoxie der Hierarchie ist die Unmöglichkeitsbedingung der Organisation nur insofern, als sie Organisationserfolge unwahrscheinlich macht und eben dadurch Bemühungen freisetzt, sie wahrscheinlicher zu machen. Von diesem Wahrscheinlichwerden des Unwahrscheinlichen leben unsere Organisationen. Auch in dieser Hinsicht sind sie der Widerspruch des Möglichen gegen das Unmögliche.

Vorliebe für schlecht-definierte Systeme

Eine der erstaunlichsten Fähigkeiten der Menschen liegt im Umgang mit schlecht-definierten Systemen. Scheinen sie gegenüber wohl-definierten Systemen vieles falsch zu machen, so wachsen sie, ohne recht zu wissen wie, über sich selbst hinaus, wenn sie als Teil eines schlecht-definierten Systems agieren.

Das ist das Ergebnis einer Reihe von Studien zum Entscheidungsverhalten von Menschen in einfachen und schwierigen Situationen. Den Anfang hatten Mitte der siebziger Jahre die Psychologen Amos Tversky und Daniel Kahneman gemacht, die herausgefunden haben, daß Menschen in den alltäglichsten Situationen gemessen an Methoden der Wahrschein-lichkeitsrechnung flagrante Fehleinschätzungen vornehmen:[23]

– Sie neigen dazu, aufgrund von Ähnlichkeiten zu urteilen: Ereignisse, Objekte und Prozesse, die einander ähnlich sind, werden einander gleichgesetzt und mögliche Unterschiede unterschätzt. Meistens bemerkt man seine Fehlurteile jedoch nicht, weil man abweichende Fälle nach dem Muster der bisherigen Fälle behandelt und alles andere übersieht.

– Ein zweiter weitverbreiteter Fehler ist, daß man etwas für um so häufiger und wahrscheinlicher hält, je besser man sich an einen Fall dieser Art erinnert. Je mehr Aufmerksamkeit etwas beansprucht, desto häufiger, glaubt man, kommt es vor. Und natürlich hält man all das für wahrscheinlich, was man sich leicht vorstellen kann. Die Folge ist, daß Illusionen große Chancen haben, sich durchzusetzen, selbst wenn vieles andere gegen sie spricht.

– Noch folgenreicher ist möglicherweise der sogenannte Ankereffekt: Man neigt dazu, an bestimmte Dinge mit einem bestimmten Vorurteil, mit einer allerersten Erwartung heranzugehen. Das ist ja auch erforderlich, weil man sonst gar nichts sähe. Aber es führt dazu, daß man alles Weitere im Licht dieser ersten Prämisse betrachtet und nicht erkennt, daß man zu anderen, möglicherweise sogar gewünschteren Ergebnissen kommen könnte, hätte man einen anderen Ausgangspunkt gewählt.

Gehen Menschen mit einem wohl-definierten System um, in dem die möglichen Zustände und die Wahrscheinlichkeiten des Übergangs von einem Zustand zu einem anderen bekannt sind, werden sie es dank dieser fehlerhaften Schlußweisen in der Regel schaffen, das System in ein schlecht-definiertes zu ver-

---

23   "Judgment under uncertainty: Heuristics and biases", in: Science 185 (1974), S. 1124-1131.

wandeln, in dem überraschende Zustände auftreten und keine Wahrscheinlichkeiten mehr bekannt sind.

Ein Grund für dieses Verhalten ebenso wie ein Trost liegt vielleicht darin, daß Menschen sich mit schlecht-definierten Systemen besser auskennen. Schlecht-definiert sind alle jene Systeme, in denen mögliche Zustände und Übergangswahrscheinlichkeiten von einem Zustand zu einem anderen nur unzureichend oder gar nicht bekannt sind. Hier sind wir in einer erstaunlichen Weise in der Lage, uns angemessen zu verhalten. Die Erklärung dafür scheint zu sein, daß Informationen unbewußt verarbeitet werden, etwa so wie beim Fahrradfahren oder so wie ein Tausendfüßler, der nur solange in der Lage ist zu laufen, wie er nicht überlegt, mit welchem Fuß er anfängt zu laufen.

Nach Studien von Neville Moray[24] sind Menschen mit einem Mal in der Lage, ihre Erwartungen den Verhältnissen anzupassen, verschiedene Variablen zu identifizieren, die die Situation bestimmen, einige Voraussagen zu treffen, abzuschätzen, unter welchen Verhältnissen Voraussagen getroffen werden können, sogar abzuschätzen, was es ihnen ermöglicht, etwas abzuschätzen – und alle diese Verhaltensweisen zu ändern, wenn das System sich ändert.

In der Managementliteratur wird aus diesen Studien der Schluß gezogen, daß sich Manager in schwierigen Situationen angesichts von Ungewißheiten aller Art mehr auf ihre Gefühle als auf ihr Wissen verlassen sollten. Manchmal werden kosmische Kräfte oder rechte Gehirnhälften beschworen, um diese Gefühle aus ihrer scheinbaren Irrelevanz zu befreien. Aber der entscheidende Punkt scheint zu sein, daß alle wohl-definierten

---

[24]   "Humans and Their Relation to Ill-Defined Systems", in: Oliver G. Selfridge, Edwina L. Rissland und Michael A. Arbib, Hrsg., Adaptive Control of Ill-Defined Systems, New York: Plenum Pr., 1984, S. 11-20.

Systeme den Nachteil haben, im Prinzip ohne den Menschen auskommen zu wollen und zu können.

Zu den schlecht-definierten Systemen dagegen können wir uns ein Verhältnis erst noch suchen. Unser Verhalten wird zu einem Teil dieser Systeme und das bedeutet: Unser Verhalten wird durch die Zustände dieser Systeme informiert wie umgekehrt diese Systeme sich über unser Verhalten informieren. Die Moral dieser Erfahrung ist einfach: Wir begreifen nur, woran wir selbst Teil haben – aber wir sind unglaublich geschickt darin, uns den Blick auf die Verhältnisse zu verstellen und uns zu verheimlichen, wie sehr wir an ihnen teilhaben.

Überraschungen mit neuen Technologien

Die Fülle an Irrtümern, falschen Erwartungen und zum Teil bitterer Lernerfahrungen, die mit der Entwicklung der "alten" Technologien um Stahl, Maschinen, Dampf und Kohle einherging und immer noch einhergeht, ist Ingenieuren bewußt. Aber für alle anderen stellen die alten Technologien einen Sicherheitsfaktor dar. Sie sichern die Verläßlichkeit und Planbarkeit der Verfahrensabläufe. Sie schützen die Welt der Dinge vor der Unruhe und Unkalkulierbarkeit der Sozialverhältnisse.

Kein Wunder, daß man sich dann auch Organisationen und Gesellschaften nach dem Muster von Maschinen vorstellt und nach den Hebeln der Kontrollier- und Steuerbarkeit sucht.

Mit den neuen Technologien ist das auf allen drei Ebenen: Material, Verfahren und Energie, anders. Sie entlasten den Menschen nicht mehr nur, sie belasten ihn auch. Sie stellen einen Unsicherheitsfaktor dar. Es ist noch unklar, woran das liegt. Klar ist nur, daß die Ungewißheiten, die mit Bio-, Gen-,

Computer- und Nukleartechnologien einhergehen, keine Übergangsphänomene sind, sondern zum eigentlichen Charakter dieser Technologien gehören.

Die plausibleste Vermutung gegenwärtig ist, daß die geringere Planbarkeit der neuen Technologien damit zusammenhängt, daß der Faktor Information eine wesentlich größere Rolle spielt. Allen Bemühungen um Künstliche Intelligenz ist es bis heute nicht gelungen, diesen Faktor so zu maschinisieren, wie man es mit den Faktoren Materie und Energie machen konnte.

Karl E. Weick führt den Unterschied zwischen alten und neuen Technologien auf zwei Umstände zurück, die viel mit dem Faktor Information zu tun haben.[25] Erstens konfrontieren die neuen Technologien mit ganz anderen Ereignistypen als die alten. Und zweitens lassen sich in den neuen Technologien Sozialebene und Sachebene nicht mehr so scheinbar sauber trennen wie in den alten. Die neuen Technologien, sagt Weick, finden mindestens ebensosehr in den Köpfen der Menschen und in den Kommunikationen zwischen ihnen statt wie in den Hallen der Fabriken.

Die Ereignisse, mit denen die neuen Technologien konfrontieren, sind stochastischer, abstrakter und kontinuierlicher Natur. Sie warten nicht nur in ihrer Implementationsphase, sondern während ihrer gesamten Einsatzphase und, denkt man an die Abfälle der Nukleartechnologie, auch noch weit darüber hinaus mit Überraschungen meist unerfreulicher Natur auf. Sie sind nur höchst unzulänglich einsehbar, spielen sich also jenseits dessen ab, was der Mensch mit seinen Sinnen mitverfolgen kann. Und es handelt sich etwa bei den Informations- und

---

[25]   "Technology as Equivoque: Sensemaking in New Technologies", in: Paul S. Goodman, Lee S. Sproull und Associates, Hrsg., Technology and Organizations, San Francisco: Jossey-Bass, 1990, S. 1-44.

Kommunikationstechnologien um Technologien, die bei allen Arbeitsschritten mitlaufen und nicht etwa, wie die traditionellen Werkzeuge, nur fallweise eingesetzt werden. Das bedeutet, daß in einem wesentlich höheren Maße als je zuvor weniger die Effizienz als vielmehr die Verläßlichkeit der Technologie den Engpaßfaktor darstellt.

Von den Leuten, die mit den neuen Technologien umgehen, sind neuartige Fähigkeiten verlangt, die nur erworben und aufrechterhalten werden können, wenn sich die gesamte Arbeitswelt ändert.

Sie müssen mit Überraschungen rechnen und deswegen ein Gespür für mögliche Gefahrenpunkte, Schwachstellen und Brüche entwickeln. Die Überwachung der Verfahren und Diagnose ihrer jeweiligen Zustände müssen ständig mitlaufen. Arbeiter müssen in einem wesentlich höheren Maße als je zuvor in der Lage sein, sich nicht nur bestimmte Produkte, sondern abstrakte Prozesse und mögliche Abhängigkeitsbeziehungen zwischen entfernten Variablen vorzustellen. Sie müssen Varianzen absorbieren können, wie man so schön sagt, und dazu über die erforderliche Autonomie verfügen.

Die Leute müssen wissen, daß ihr eigener Umgang mit den Technologien ein elementarer Bestandteil dieser Technologien ist – und daß dies für ihre Gefühle mindestens ebensosehr gilt wie für ihren Verstand, für ihr Wahrnehmungsvermögen ebensosehr wie für ihr Kommunikationsgeschick.

Die vagabundierende Führung

Eine der aus deutscher oder europäischer Perspektive vielleicht
verblüffendsten Eigenarten des amerikanischen Management-
denkens ist die zentrale Figur der Leute. Allenfalls in Italien
findet man innerhalb von Europa ein so starkes Bewußtsein dafür, daß ein Betrieb aus Leuten besteht, aus Leuten und noch
einmal aus Leuten. Und in Italien ebenso wie in Amerika geht
dieses Bewußtsein mit dem ebenso starken, wenn auch vielfach
verletzten Glauben einher, daß der Umkehrschluß nicht gilt,
daß also die Leute nicht aus dem Betrieb bestehen. Andernorts
in Europa und, wie man sagt, in Japan, liegt dieser Umkehrschluß viel näher.

Eines der erfolgreichsten und meistverkauftesten Manage-
mentbücher in den USA kreist um diese Idee der zentralen Bedeutung der Leute. Sein Autor Max DePree muß es wissen.[26]
Jetzt im Ruhestand, war er jahrelang Präsident des in ganz
Amerika für seine Arbeiterbeteiligung gerühmten Möbelprodu-
zenten Herman Miller Inc. in Michigan. Sein Buch ist einer der
Kulminationspunkte des Jargons, der auf dem Feld der Unter-
nehmensliteratur immer üppigere Blüten treibt, und in seinem
Glauben an die Möglichkeit der Befreiung der Leute zum Zwek-
ke ihrer Selbstverwirklichung und zum Wohle des Unternehmens auch in vielen Passagen schwer verdaulich. Dennoch hat
man hier wie auch in anderen Fällen den Eindruck, daß der Jar-
gon der einen das Vorurteil der anderen ist.

Die Kunst der Führung, so DePree, besteht darin, die Leute
dazu zu befreien, das, was von ihnen erwartet wird, so effizient
und menschlich wie möglich zu tun. Die Kunst der Führung
habe mehr mit Stammesaktivitäten als mit wissenschaftlich
abgesicherten Techniken zu tun, denn es gehe vor allem darum,

---

[26]   Leadership is an Art, New York: Doubleday, 1989.

Beziehungen zu knüpfen und zu pflegen, und nicht nur darum, Informationen zu sammeln und Schlußfolgerungen zu ziehen. Jeder werde gebraucht, und zwar in direkter Abhängigkeit nicht von seinen Stärken, sondern von den Stärken der anderen. "People are the heart and spirit of all that counts."

Die Leute haben Rechte: Sie haben ein Recht darauf, gebraucht zu werden, ein Recht darauf, einbezogen zu werden, ein Recht auf Bundesgenossen, ein Recht darauf, zu verstehen, ein Recht darauf, ihr eigenes Schicksal zu beeinflussen, ein Recht darauf, zurechenbar zu sein, ein Recht darauf, ansprechend und ansprechbar zu sein, ein Recht darauf, sich zu binden.

Es ist klar, daß ein solches Denken vor allem dann auf der Probe steht und beweisen muß, was es taugt, wenn es um die Bestimmung der Frage der Führung geht. Wie ist ein Verhältnis der Leute zu einer Führung beschaffen, das die Leute Leute sein läßt und sie weder auf blinde Befehlsempfänger reduziert noch mit der Zumutung unablässiger Kreativität und Spontaneität um ihren Verstand bringt?

DePree bietet als Antwort auf diese Frage die Formel der "roving leadership", der vagabundierenden Führung an. Man könnte an Friedrich August von Hayeks bekannte Formel denken, daß der Markt der Mechanismus ist, der die Informationen dort aufsucht, wo sie zu finden sind. Genauso rotiert die vagabundierende Führung unter allen Mitgliedern einer Unternehmung und drückt jeweils dem das Szepter in die Hand, der in einer bestimmten Frage die größte Kompetenz besitzt.

Die traditionelle hierarchische Führung hat dann nur noch, aber wesentlich, die Aufgabe zu sichern, daß das Szepter tatsächlich dorthin kommt, wo die Kompetenz sitzt, und anschließend nicht usurpiert, sondern weitergegeben wird.

In Amerika glaubt man an die Fruchtbarkeit der Zufälle, wie jeder Blick auf ein Baseballspiel oder ein Footballspiel belegt. Wo der Baseballschläger den Ball trifft, ist ebensowenig vorauszuberechnen wie wohin der viel zu eirige Football fliegt. Aber um diese basale Zufälligkeit herum kann man mit wenigen strikten Regeln außerordentlich raffinierte und abwechslungsreiche Spiele gestalten. Genauso muß man wohl auch das Verhältnis der Führung zu den Leuten zu verstehen suchen: Der Trick besteht darin, sich auf das scheinbar Unzureichende zu verlassen und sich an einige wenige generative Regeln zu halten.

Vom Schaden der Rücksicht

Einer der wichtigsten blinden Flecken in der Literatur der Managementtheorie und vor allem der Unternehmensberatung liegt in der völligen Unterschätzung der Mechanismen, mit denen sich ein Unternehmen davor bewahren kann, die eigenen Probleme zu lösen.

Chris Argyris, einst Soziologe und nun schon seit Jahrzehnten im Unternehmensberatungsgeschäft tätig, hat ein Buch veröffentlicht, in dem er die Summe seiner Erfahrungen mit diesen Mechanismen zusammenstellt.[27]

Er legt den Finger auf einen wunden Punkt. Nichts, so sagt er, ist für ein Unternehmen und die Leute, die in ihm arbeiten, schädlicher als das verbreitete Bemühen, die Moral des Betriebes, die Zufriedenheit der Leute und die Loyalität aller Mitarbeiter hoch zu halten. Genau dieses Bemühen steht jedoch im Zentrum eines Managements, das sich für verantwortungsbewußt, einer Personalführung, die sich für menschenfreundlich,

---

[27]   Overcoming Organizational Defenses: Facilitating Organizational Learning, Boston: Allyn, 1990.

und eines Umgangstons, der sich für rücksichtsvoll hält. In kaum etwas sind die Mitarbeiter einer Unternehmung denn auch geschickter als darin, Konflikte so auszutragen, daß niemand verletzt wird und alle ihr Gesicht wahren können.

Das Ergebnis dieser Geschicklichkeit ist eine Argyris und andere immer wieder erschreckende Unfähigkeit, Probleme so zu benennen und Konflikte so auszutragen, daß Lösungen gefunden werden können, die nicht nur Symptomlösungen sind, sondern das Unternehmen aus einer möglicherweise fatalen Entwicklungsdynamik befreien.

Woran liegt es denn, daß auch große Unternehmen immer noch im Durchschnitt eine Lebenserwartung haben, die allenfalls halb so groß ist wie die eines Menschen? Es liegt daran, daß sie von der Ausbeutung einer Marktnische leben, die sie glücklichen Umständen verdanken, aber hilflos zugrunde gehen, sobald das Glück dieser Umstände schwindet. Denn es mangelt nur allzu oft an einer Sprache, die offen genug ist, um Probleme diagnostizieren und Konsequenzen ziehen zu können. Die Sprache der Entlassungen und Neueinstellungen ist hier hoffnungslos unterkomplex, weil sie darauf beruht, die Probleme auf dem Wege des Verzichts auf genau die Ressourcen zu lösen, mit denen sie oft nur gelöst werden können.

Argyris beobachtet, daß Unternehmen nicht nur Irrtümer begehen, sondern daß sie die Irrtümer, die sie begehen, selbst entwerfen und gleichzeitig Möglichkeiten mitentwerfen, über ihre Irrtümer den Mantel des Schweigens zu breiten. Nichts wird durch die Art und Weise, wie Unternehmen gemanagt werden, mehr gefördert und gefordert als die Kunst der Mitarbeiter, sich für Irrtümer zu verteidigen. Für unfähig hält man nicht den, der sich irrt, sondern den, der sich dabei erwischen läßt. Wer sich verantwortlich machen läßt, ist (es) dann tatsächlich selber schuld, und alle leiden darunter, daß sich diese Zurechnung von Verantwortung nicht vermeiden ließ.

In allen Unternehmen gibt es eine Untergrunddynamik, die sicherstellt, daß Wahrheiten nur so lange laut ausgesprochen werden, wie sie keinem weh tun. Aber wehe, sie könnten jemandem weh tun! Dann tauchen plötzlich alle ab, flüchten in Scheinaktivitäten, schreiben Berichte, berufen Konferenzen ein, schicken sich gegenseitig auf Geschäftsreisen und beschwören den Teamgeist. Und alle diese Reaktionen erfolgen ganz spontan und man ist stolz darauf, sofort "einen Weg" zu finden, der zeigt, daß man die Dinge "unter Kontrolle" hat.

Man hat sie nicht mehr unter Kontrolle, weiß das insgeheim auch und muß hilflos zuschauen, wie das Unternehmen den Bach hinunterrauscht.

Was tun?

Argyris empfiehlt, bei jeder Unternehmensberatung nicht nur neue und bessere Managementtechniken und Organisationsverfahren zu diskutieren, sondern zunächst und vor allem die Frage zu stellen, warum das Unternehmen bisher und so lange mit den alten und schlechteren gearbeitet hat. Meistens gibt es dafür Gründe, die in irgendeinem sachlichen oder sozialen Gleichgewichtsmechanismus zur Bewahrung des status quo liegen, der sich auch dann sofort zu Wort melden würde, wenn man neue Wege zu beschreiten versucht.

Nicht die Leichen im Keller sind das Problem, sondern daß alle so tun, als gäbe es keine.

Der gekochte Frosch

Eine der Geschichten, die Unternehmensberater und Managementphilosophen immer wieder gerne erzählen, um deutlich zu machen, wie schwer es ist, einen Organismus oder ein Unternehmen zum Lernen zu bringen, ist die von Charles Handy zur Parabel gemachte Geschichte vom gekochten Frosch. Jeder kann sich vorstellen, was passiert, wenn man einen Frosch in sehr heißes Wasser wirft: Er versucht, so schnell wie möglich wieder herauszukommen. Aber was passiert, wenn man einen Frosch in lauwarmes Wasser setzt und die Temperatur ganz allmählich erhöht? Überraschenderweise passiert nichts. Der Frosch gibt alle Anzeichen des Wohlgefühls von sich und beginnt bei lebendigem Leibe zu kochen, ohne es auch nur zu merken.

Diese Schauergeschichte ist die Geschichte eines Organismus, der nicht lernt. Der Frosch ist nicht in der Lage, für ihn bedrohliche allmähliche Veränderungen seiner Umwelt wahrzunehmen. Er bekommt sie im wahrsten Sinne des Wortes nicht mit, weil er keine Möglichkeiten hat, ein lauwarmes Wasser von einem etwas wärmeren Wasser zu unterscheiden. Er unterscheidet nicht, was sich verändert.

Peter M. Senge versucht in seinem Buch über die "Fünfte Disziplin",[28] Mechanismen des Lernens zu identifizieren, die es einem Unternehmen ersparen, das Schicksal des gekochten Frosches zu erleben. Wie können Unternehmen lernen? Wie können sie allmähliche Veränderungen ihrer inneren und äusseren Umwelt, also ihrer Märkte und ihres Betriebsklimas, identifizieren und unterscheiden? In der gegenwärtigen Managementliteratur, aber auch in der Organisationssoziologie, ist diese Frage nach Lernmechanismen die Gretchenfrage, an deren Beantwortung alles andere zu hängen scheint.

Senges Hauptthese ist, daß sich die lernende von der autoritativen, kontrollierenden Organisation dadurch unterscheidet, daß sie fünf Disziplinen beherrscht:

---

[28] The Fifth Discipline: The Art and Practice of the Learning Organization, New York: Doubleday, 1990.

1) die Förderung offener und visionärer Persönlichkeiten;

2) die Entwicklung eines Verständnisses für Weltanschauungen und Vorurteile, die in alle Entscheidungsprozesse hinderlich oder förderlich eingehen;

3) die Fähigkeit, Visionen aufzubauen, die nicht einsame Managementvorstellungen sind, sondern von allen geteilt werden;

4) die Zusammenstellung von Teams als den eigentlichen Lerneinheiten in einer Unternehmung;

und 5), als krönender Abschluß: Systemdenken im Sinne eines Verständnisses für zirkuläre, rückgekoppelte Prozesse.

Bisher ist es erst Unternehmensprototypen gelungen, diese Disziplinen in ganz unterschiedlicher Weise zu entwickeln. Patentrezepte gibt es nicht und Verfahren, die in einem Unternehmen erfolgreich sind, in einem anderen Unternehmen zu kopieren, wäre äußerst riskant, da die internen und externen Bedingungen, die Marktverhältnisse und die sozialen Abläufe von einem Unternehmen zum anderen Unternehmen immer wieder andere sind.

Die lernende Organisation ist selbst eine Vision. Aber man versteht allmählich (!), worauf es ankommt: Der Frosch muß lernen, nicht von seinem Wohlgefühl auf die äußeren Bedingungen zu schließen, unter denen er lebt. Er muß lernen, sich irritieren zu lassen. Er muß unruhig werden und seinen eigenen Möglichkeiten immer ein Stück weit vorweg sein. Und er muß dem Kitzelgefühl trauen, das aus seinen Gliedern kommt, auch wenn der Kopf nicht weiß, worum es geht.

Kurz, er muß sein Nervensystem auf die Konstruktion von Außenwahrnehmung umstellen, auch wenn er weiß, daß er letztlich aus seinem eigenen Körper nicht heraus kommt und nichts als seinen Körper und sein Nervensystem hat, um Unterscheidungen zu treffen, die auch langsame, allmähliche, zeitverzögerte Veränderungen wahrzunehmen in der Lage sind.

Was nun diese entscheidende "fünfte Disziplin" des System-
denkens betrifft, so stellt Senge einige wenige "Archetypen"
zusammen, an denen man erkennen kann, daß Unternehmen in
Systeme eingebettet sind:

1) Die Probleme von heute entstehen aus den Problemlösungen von gestern. Das kurze Gedächtnis aller Beteiligten und
das mangelnde Verständnis für Systemzusammenhänge helfen,
diesen Umstand immer wieder zu übersehen und damit auch
immer wieder zu reproduzieren.

2) Für viele Probleme verfällt man leicht auf oberflächliche
Lösungen, was um so leichter fällt, je unmittelbarer scheinbare
Verbesserungen der Probleme eintreten. Man doktert an den
Symptomen herum und gibt den Problemen damit Zeit, so sehr
zu reifen, daß sie schließlich unlösbar werden.

3) Findet man allzu einfache Lösungen für ein Problem,
macht man das Unternehmen von dieser Lösung abhängig, weil
es immer mehr davon braucht, ohne wirklich zu gesunden. Das
System wird abhängig von eben den Interventionen, die es unabhängig und lebensfähig machen sollen. Das Problem wird
auf denjenigen verlagert, der interveniert. Der Intervenierende
wird zum Parasiten und dick und fett am Problem, das er immer wieder ein wenig, aber nie wirklich löst.

4) Immer wieder wird unterschätzt, daß es in Systemen wie
zum Beispiel Unternehmen Gleichgewichtsmechanismen gibt,
die dazu tendieren, den status quo aufrechtzuerhalten. Alle
Lösungen von Problemen übersehen, daß Probleme nicht nur
schädlich sind, sondern meist auch bestimmte Funktionen erfüllen, ohne die das Unternehmen nicht funktionieren könnte.
Oft ist das Problem selbst die Lösung eines ganz anderen Problems. Alle Beteiligten versuchen, das erste Problem zu reproduzieren, egal wie sehr man darunter leidet, damit das zweite
Problem nicht durchschlägt, unter dem man unter Umständen
noch mehr leiden würde.

Kurz, wo immer wir dazu neigen, lineare Zusammenhänge zu sehen, besteht die Wirklichkeit statt dessen aus Zirkeln. A bewirkt B und B bewirkt C. Das ist ein linearer Zusammenhang. Dann aber, und zuweilen erst nach einer erheblichen Verzögerung, wirkt C wieder zurück auf A. Und es ist schon ein Glücksfall, wenn man überhaupt Ursache und Wirkung unterscheiden kann. Man kann nicht darauf verzichten, Ursache und Wirkung zu unterscheiden. Aber man macht sich damit blind für alle Zusammenhänge, in denen es für alles, was geschieht, zu viele Ursachen und zu viele Wirkungen gibt und damit die Auswahl bestimmter Ursachen und Wirkungen zuungunsten anderer schon wieder ein Problem darstellt. Wir müssen also in Kreisen denken und das heißt, sich selbst als das Problem und alle anderen als dessen Lösung zu sehen.

Kontrolle heißt Kommunikation

Eines der Dilemmata unternehmerischen Handelns besteht in einer Zeit zunehmend komplexer und turbulenter (rückgekoppelter) Märkte und Unternehmensstrukturen darin, daß die Lösung aller Probleme wie noch zu Zeiten stabiler, kalkulierbarer Märkte darin gesucht wird, die Verhältnisse innen und außen "unter Kontrolle" zu behalten. Die Verhältnisse unter Kontrolle zu behalten, fiel einst (aber wann eigentlich?) um so leichter, als stabile Verhältnisse ja so oder so vorgaben, was möglich war und was nicht. Stabile Verhältnisse machten es leicht, sich mit den Absichten der Kontrolle auf Felder zu beschränken, auf denen Kontrolle möglich ist, und dabei zu übersehen, daß dies nur geht, wenn man Vorleistungen der gesellschaftlichen, wirtschaftlichen und organisatorischen Umwelt voraussetzt, die man nie und nimmer kontrollieren kann.[29]

Immer dann, wenn die Verhältnisse innen und außen nicht vorgaben, was zu tun ist, und Manager trotzdem auf Lösungen kamen, sprach man von "innovativem Handeln", ohne bis heute zu wissen, was darunter zu verstehen ist. Es gehörte zum Mythos des "kontrollierenden" Managers, daß niemand zugeben konnte, daß Innovationen nur allzu oft durch die Ausbeutung glücklicher Zufälle zustande kommen. Als sei es kein des Managers würdiges Verdienst und Risiko, Zufälle nicht nur zu erkennen, sondern dann auch zu wissen, was man aus ihnen machen kann!

Die Zeiten stabiler Märkte und stabiler Unternehmensstrukturen sind vorbei. Heute kann man es sich nicht mehr leisten, nicht zu verstehen, wie Innovationen zustande kommen. Heute kann man es sich nicht mehr leisten, die Rolle von Zufällen und die komplexen Voraussetzungen ihrer Ausbeutbarkeit zu unterschätzen.

Heute kommt es darauf an, zu verstehen, daß die Unternehmen und mit ihnen alle Beteiligten vom Manager bis zum Arbeiter selbst das Ereignis sind, das es zu kontrollieren gilt. Es ist wie bei dem von Ranulph Glanville angeführten kybernetischen Paradebeispiel des Thermostaten, in dem auch unentscheidbar ist, ob der Thermostat über die Heizung die Raumtemperatur kontrolliert oder ob die Raumtemperatur durch ihr Steigen und Fallen den Thermostaten und also auch sich selbst kontrolliert. Wie aber kann die Kontrolle sich selbst kontrollieren?[30]

---

29   Siehe Geoffrey Vickers, Towards a Sociology of Management, New York: Chapman & Hall, 1967.

30   Siehe "Die Frage der Kybernetik", in: ders., Objekte, Berlin: Merve, 1988, S. 197-218.

Die Antwort ist ebenso einfach wie ungewohnt: Man kann nur kontrollieren, wovon man sich abhängig macht, wovon man sich also seinerseits kontrollieren läßt. Das heißt letztlich, man kann nur sich selbst kontrollieren, dies aber wiederum nur über den Umweg über andere und anderes. Mit dieser Erkenntnis läuft man nur dann nicht in eine leere Tautologie oder in ein blockierendes Paradox hinein, wenn man, verkürzt gesagt, sich selbst unterscheidet. Man kontrolliert sich selbst, heißt ja in einem Unternehmen: Der Manager kontrolliert den Arbeiter; der Arbeiter kontrolliert den Manager. Der Polier kontrolliert den lotrechten Bau der Mauer; die Mauer kontrolliert die Aufmerksamkeit des Poliers. Der Kreditbearbeiter kontrolliert den Vorgang Kreditvergabe; der Vorgang Kreditvergabe kontrolliert den Kreditbearbeiter. Usw.

Die entscheidende Frage ist nun, wie man diese Unterschiede zwischen Manager und Arbeiter, zwischen Polier und Mauer, zwischen Kreditbearbeiter und Vorgang versteht und wie man mit ihnen umgeht. Diese Unterschiede differenzieren das "Selbst", das sich kontrolliert. Unternehmen lernen, indem sie diese Unterschiede anders als bisher auszunutzen verstehen. Aber das kann man nur zum Teil, indem man von den Unterschieden auf Sachzusammenhänge schließt. Viel wichtiger und für das Lernen von Unternehmen ausschlaggebend ist, daß Unterschiede überhaupt erst einmal zum Einsatz gebracht werden müssen, daß man sie zur Kenntnis nehmen und geben muß, um mit ihnen umgehen zu können.

Und dieser Einsatz von Unterschieden läuft ab auf der Ebene von Kommunikation, ob man sich dessen bewußt ist oder nicht. Die Unterschiede, die ein Unternehmen ausmachen, bestätigen sich oder verändern sich auf der Ebene der Kommunikation. Dort testet der Arbeiter, wie der Manager auf seine Verbesserungsvorschläge reagiert. Dort testet der Maurer, wie lange er Biertrinken und Mauern kombinieren kann, ohne daß der Polier etwas merkt. Und dort testet der Kreditbearbeiter, wie unternehmerisch er seine Kreditanträge bearbeiten kann, ohne es mit der Revision zu tun zu bekommen.

Auf der Ebene der Kommunikation entscheiden sich Erfolg und Mißerfolg des Unternehmens. Denn alles, was im Unternehmen geschieht, ist ein Ereignis, auf das andere reagieren – oder auch nicht. Kontrollieren heißt Kommunizieren, und Kommunizieren heißt, die Kontrolle aus der Hand geben. Anders geht es nicht.

Kulturen der Mitbestimmung

Eines der Zauberworte, das durch die Managementliteratur läuft, ist das Wort von der "commitment-maximizing company". Die Bezeichnung ist so unübersetzbar, wie sie sich anhört. Sie tritt oft im Zusammenhang mit dem Begriff der "welfare corporation" auf, den Ronald P. Dore zur Beschreibung des japanischen Unternehmens entwickelt hat.[31] Zunächst ist damit nicht viel mehr gemeint als eine Anerkennung des Umstands, daß Unternehmen heute in einer Wohlfahrtsgesellschaft wirtschaften und daher ihren Mitarbeitern eine andere Behandlung schulden als zu Zeiten eines blanken Kapitalismus. Kaum ist dies jedoch gesagt, dreht sich der Blickwinkel um 180 Grad, um festzuhalten, daß die Beschäftigten ihrerseits auch den Unternehmen eine andere Einstellung schulden. Wenn der Arbeiter nicht mehr ausgebeutet wird, sollte ihn nichts mehr daran hindern, von Minimierung des Arbeitseinsatzes zwecks Sicherung seines Kräftehaushalts auf Maximierung oder zumin-

---

31 Japan at Work, Paris: OECD 1989.

dest Optimierung des Arbeitseinsatzes zwecks Sicherung des Unternehmenserfolgs und der eigenen Karriereaussichten (wenn es welche gibt) umzuschalten.

Entsprechend schillernd bleibt das Wort von der "commit-ment-maximizing company", vom Bindungen maximierenden Unternehmen. Bindung heißt: Anerkennung und Erfüllung von Verpflichtungen auf beiden Seiten des Arbeitsvertrages im Interesse der Erzeugung einer Unternehmenskultur, in der an Bindungen appelliert werden kann, wenn andere Motivationen nicht mehr greifen. Bindungen sind typischerweise nicht einmal unbedingt nur bei der Frage der Höhe des Arbeitseinsatzes, sondern vielmehr vor allem bei der Frage einer selbständigen Koordination und eines "Mitdenkens" bei der Arbeit eine zunehmend unverzichtbare Ressource.

Allerdings ist gerade deswegen, weil jede Medaille zwei Seiten hat, beim Wort von der "Maximierung von Bindungen" Vorsicht geboten. Vorsicht vor allem in Bezug auf die höchst unterschiedlichen gesellschaftlichen Kontexte, in denen Unternehmenspolitiken entwickelt und eingeführt werden können. Man muß sich im Einzelfall sehr genau ansehen, welche Arbeitsverhältnisse welche Art von Bindungen erzeugen. So wird in einem Vergleich zwischen japanischen und amerikanischen Unternehmensformen deutlich,[32] daß japanische Großunternehmen zwar viel Wert auf wenig formalisierte und kaum fragmentierte Arbeitsabläufe legen, sie jedoch trotzdem auf einer Skala der Arbeitsautonomie und Aufgabenkomplexität niedriger rangieren als die Amerikaner. Wer von einem geringen Grad an Formalisierung und Fragmentierung sofort auf Autonomie und Komplexität schließt, übersieht die intervenierenden Faktoren

---

[32]   James R. Lincoln und Arne L. Kalleberg, Culture, Control, and Commitment: A Study of Work Organization and Work Attitude in the United States and Japan, Cambridge: Cambridge UP, 1990.

der hohen Arbeitsdisziplin, der hohen Arbeitsgeschwindigkeit, des starken Hierarchiebewußtseins und der minimalen Beweglichkeit der Individuen im Verhältnis zur größeren Beweglichkeit der Gruppe in Japan.

Vor allem muß man sich sehr genau ansehen, welche Rolle Gruppen spielen, weil von dieser Rolle abhängig ist, welchen Charakter die Entscheidungsspielräume haben, die man einem Individuum zumißt. Die Ideen der Teamarbeit, die so entscheidend sind für eine Politik der "Maximierung von Bindungen", können auf sehr unterschiedlichem Boden gedeihen [33].

In Japan ging es bis vor wenigen Jahren bei der Teamarbeit ausschließlich um eine höhere Verpflichtung von Individuen auf dem Umweg über ihre Gruppe zur Beachtung statistischer Methoden der Qualitätskontrolle. Partizipation heißt dort bis heute: Verpflichtung zur Partizipation. Ganz anders in den USA: hier geht es bei der Idee der Teamarbeit um Möglichkeiten der Humanisierung des Arbeitslebens auf dem Umweg über offenere und für Individuen chancenreichere Gruppenprozesse. Und wieder ganz anders in Schweden, wo Gruppen die Ebene sind, auf der Entscheidungen über Aufgabenverteilung, Produktionsziele, Zeitpläne, ja sogar Rekrutierung von Mitarbeitern demokratisiert werden können.

Die Unterschiede zwischen den Unternehmenskulturen der Mitbestimmung und die jeweiligen Horizonte der "Maximierung von Bindungen" können größer gar nicht sein, als wenn es je anders um Verpflichtung zur Partizipation, um Humanisierung oder um Demokratisierung geht. Und von deutschen Gewerkschaften ist hier noch gar nicht die Rede!

---

[33] Robert E. Cole, Strategies for Learning: Small-Group Activities in America, Japan, and Swedish Industry, Berkeley: University of California Pr., 1989.

Verdienen wir, was wir verdienen?

Die Frage, wie hoch denn nun die Löhne und Gehälter sein sollen oder können, mit denen wir Arbeit honorieren, ist eine Frage, die nur selten im Mittelpunkt der Managementliteratur steht. Mit gutem Grund wahrscheinlich. Schon die Art der Frage verrät viel über unsere Haltung zu Löhnen und Gehältern: "Honorieren" wir Arbeit, indem wir sie bezahlen? "Motivieren" wir sie? Oder "sichern" wir hauptsächlich den Lebensunterhalt der Beschäftigten? Oder zahlen wir, was unsere Konkurrenten bezahlen – und möglichst etwas mehr, um Motivationsvorteile auszunutzen; und möglichst etwas weniger, um Kostenvorteile zu erzielen? Und verlangen wir, was wir für unsere Leistung für angemessen halten? Oder verlangen wir, was unsere Konkurrenten bekommen – und möglichst etwas mehr, denn wir sind ja besser als alle anderen; und möglichst etwas weniger, denn wir wollen ja einen Job bekommen?

Kaum eine Frage ist mit mehr Fingerspitzengefühl zu behandeln als die Lohnfrage. Es sind so viele Rücksichten zu nehmen, daß man hinter diesen Rücksichten das eigentliche Spiel kaum noch erkennt. Das eigentliche Spiel ist das Spiel der Signale, mit denen Firmen Mitarbeiter anlocken, Beschäftigungssuchende ihre Qualifikationen dokumentieren, Mitarbeiter ihre Positionen und Karriereaussichten vergleichen. Es handelt sich um ein feinmaschiges Netz von Kommunikationen, mit allen Irrationalitäten und Dysfunktionalitäten bis ins Kleinste ausbalanciert und abgestimmt auf die Sozialverhältnisse, in denen alle Arbeit stattfindet. Sogar und gerade die Unstimmigkeiten darin scheinen geplant. Denn sie machen es fast unmöglich zu vergleichen, *wie* jeweils verglichen wird. Der Lohn- und Gehaltsmechanismus vernebelt sich ständig selbst - und scheint nur so funktionieren zu können.

Vor diesem Hintergrund kann man verstehen, daß der Edward E. Lawler zu Recht beklagt,[34] daß das vorherrschende Kriterium, nach dem Lohnsysteme gestaltet werden, die Beobachtung der Konkurrenten ist. Man bezahlt, was alle anderen bezahlen – allerdings, wie gesagt, etwas mehr und etwas weniger. Aber wahrscheinlich beklagt er es vergeblich. Denn die existierenden Lohnsysteme enthalten bereits den ganzen Erfahrungsschatz einer langen Geschichte von Feinabstimmungen und es scheint aussichtslos, Lohnsysteme nach Rationalitäts- oder Effizienzgesichtspunkten neu gestalten zu wollen, ohne zugleich eine Vielzahl neuralgischer Punkte zu verletzen und damit den Erfolg des Unternehmens aufs Spiel zu setzen. Allein die Unterscheidung zwischen "Löhnen" und "Gehältern" spricht Bände über die historischen und sozialen Hintergründe der Honorierung von Arbeitsleistungen.

Trotzdem kann es nicht schaden, den Nachteilen dieser existierenden Lohnsysteme einmal auf den Grund zu gehen. Lawler zählt sechs Schwächen auf:

Erstens stehen die existierenden Löhne und Gehälter nicht in einem unmittelbaren Verhältnis zur Motivation tatsächlicher Leistungen.

Zweitens verhindern die gegenwärtigen Systeme eine effektiver Vereinheitlichung der Organisation, weil sie die Organisation in Gruppen von Leuten spalten, die mehr daran interessiert sind, ihre Jobs und jeweiligen Privilegien zu erhalten, als die Leistungsfähigkeit der Gesamtorganisation zu erhöhen.

Drittens tendieren sie wegen ihrer geringen individuellen Flexibilität dazu, Beschäftigte anzulocken, deren Leistungen unterdurchschnittlich ist, und diejenigen zu "entfremden" (Lawler), deren Leistungen überdurchschnittlich sind.

---

34 Strategic Pay: Aligning Organizational Strategic and Pay Systems, San Francisco, 1990.

Viertens tendieren sie dazu, einen hohen Fixkostenanteil zu produzieren, was Unternehmen unflexibel macht, dem internationalen Wettbewerb im Wege steht und im Falle konjunktureller Schwächen Massenentlassungen erforderlich macht.

Fünftens sind sie so angelegt, daß sie hierarchische und rigide Unternehmenskulturen begünstigen und Teamarbeit und Kooperation eher behindern.

Und sechstens haben die meisten Bezahlungssysteme, eben weil sie Kopien dessen sind, was die Konkurrenten tun, einen "Wir auch"-Tonfall, der äußerst wettbewerbsunfreundlich ist.

Nichts kennzeichnet die soziale Umwelt des Managements heute besser als der Umstand, daß man sich eine öffentliche Diskussion über die Schwächen und Stärken von Bezahlungssystemen und ihren Vergleich mit den Alternativen fähigkeitsorientierter Löhne, Gewinnbeteiligung und flexibler Bonuspolitik nicht einmal vorstellen kann.

Innovation hart am Markt

Es gibt immer wieder gute Gründe, Tom Peters zu lesen.[35] Es kommt gar nicht einmal unbedingt darauf an, seine Empfehlungen als bombensichere Rezepte des nächsten Unternehmenserfolges oder, so böse Stimmen, Unternehmensmißerfolgs aufzugreifen, so sehr sie sich von Fall zu Fall dazu eignen mögen. Mindestens genauso nützlich sind seine Bücher und Ar-

---

[35] Siehe etwa Kreatives Chaos: Die neue Management-Praxis. Aus dem Amerikanischen von Friedrich Mielke und Hans-Gunther Schoop, Hamburg: Hoffman & Campe, 1988; ders., "Get Innovative or Get Dead", in: California Management Review 33 (1990), S. 9-26.

tikel als Hilfsmittel, sich immer wieder mit den nötigen "Kulturschocks" zu versorgen, die ja bekanntlich selbst dann zur Einsicht befähigen, wenn sie selbst mit dieser Einsicht alles andere als gleichgesetzt werden können.

Die Empfehlungen, die Peters mehr predigt als nahelegt (aber das liegt am kalifornischen Tonfall), stülpen das Innere eines Unternehmens nach außen und laufen allen möglichen Annahmen zuwider, die einem so selbstverständlich geworden sind, daß man von ihrer Existenz schon gar nichts mehr weiß. Das ist auch der Grund, warum diejenigen zu kurz greifen, die Peters die späteren Konkurse gerade unter den Unternehmen vorhalten, die er als innovative Musterknaben geschildert hat. Der eigentliche Lernerfolg, den man aus seinem Übermut beziehen kann, liegt woanders.

Er empfiehlt nicht *einem* Unternehmen eine erfolgsgarantierende Strategie, sondern *allen* Unternehmen eine Palette unter Umständen aussichtsreicher Strategien. Die Auswahl daraus zu treffen, bleibt jedem Manager allein überlassen. Und vor allem bleibt es jedem Manager allein überlassen, zu entscheiden, mit welchen Tips er es gar nicht erst versucht. Und diese Entscheidung mag für wiederum andere manchmal informativer sein als alles andere.

Die Strategien, die Peters empfiehlt, laufen fast alle darauf hinaus, alle denkbaren Möglichkeiten zu nutzen, mit denen ein Unternehmen sicherstellen kann, daß es alles, was es tut, mit dem vergleichen kann, was andere Unternehmen tun. Nicht nur das Produkt, das sich schließlich auf einem Markt soll sehen lassen können, muß mit dem verglichen werden, was andere Unternehmen anbieten. Sondern Produktionsverfahren, Buchführungstechniken, Organisationsverfahren, Führungsstile, Einsatzbedingungen von Vertretern und Sekretärinnen, Entlassungsquoten und Abwesenheitsquoten, der Zeitbedarf für Produktentwicklung und Produkteinführung, die Qualität der

Arbeit der Vorstandsassistenten: alles muß sich einem Vergleich unterwerfen lassen.

Nichts kann diesen Vergleich besser sichern als "der Markt". Peters gibt Unternehmen den Rat, jede einzelne Abteilung bis hin zur Buchhaltung auf den externen Märkten nicht nur Teile ihre Leistungen verkaufen zu lassen, damit man sehen kann, was sich dort durchsetzen läßt, sondern vor allem auch auf den externen Märkten selbst diejenigen Leistungen kaufen zu lassen, die auch im Hause produziert werden, damit auch nicht ein Winkel innerhalb des Unternehmens nicht vom "frischen Wind" des Wettbewerbs profitiert.

Joint ventures mit den eigenen Lieferanten und Abnehmern sind hervorragende Gelegenheiten, wirkliche Pionierarbeit in der Produktentwicklung zu leisten. Jedes Unternehmen sollte darüberhinaus die Lizenzen seiner neuesten Technologien, auf deren Entwicklung es am stolzesten ist, baldmöglichst verkaufen, denn kopiert wird sowieso, eine verkaufte Lizenz bringt gutes Einkommen und die Abteilung für Forschung und Entwicklung kann sich der nächsten Aufgabe widmen.

Nur an einer entscheidenden Stelle unterbricht Peters sein Plädoyer für den Markt, nämlich dort, wo es um Marktforschung geht. Jeder Marktforschung im großen Stil zieht er die Entwicklung eines "inneren Gehörs" vor, eines Augenschliessens und Insichgehens, wie es zum Beispiel Nintendo mit der Entwicklung seiner Videospiele praktiziere. Denn kein Konsument kommt auf die Ideen, die ein Produktentwickler vor sein inneres Auge zaubern kann, der seine technischen Möglichkeiten kennt – und der gleichzeitig weiß, daß er selbst innerhalb der Firma keine Möglichkeit hat, letztlich dem Vergleich durch den Markt zu entgehen.

Wie sich allerdings der Zeitbedarf dieses inneren Gehörs mit dem Zeitdruck vereinbaren läßt, den die innere Vermarktung des Unternehmens produziert, erfahren wir bei Peters nicht. Es soll ja nicht darauf hinauslaufen, die Leute frischgebacken aus den Universitäten oder anderen Wanderschaften zu übernehmen, drei bis vier Jahre lang ihr "kreatives Potential" auszubeuten und sie dann in jenes mittlere Management wechseln zu lassen, auf das man nach Peters am besten ganz verzichten sollte. Oder?

Woran sich Unternehmen erinnern

Woran sich Unternehmen erinnern und woran nicht, wie sie sich erinnern und wie sie etwas vergessen, ist sicherlich eine der spannendsten Fragen, die man sowohl in der Organisationstheorie wie in der Managementpraxis stellen kann. Klar ist allen, die Unternehmen untersuchen oder die in Unternehmen arbeiten, daß es so etwas gibt wie ein Organisationsgedächtnis.

Jeder Manager, der in einem Unternehmen sei es Produktionsverfahren, sei es Buchhaltungspraktiken, sei es Stellenpläne umstellen will, kann auf einen oft undefinierbaren Widerstand stoßen, der darin resultiert, daß irgendetwas "einfach nicht geht", ohne daß irgendjemand erklären könnte, warum nicht. Irgendetwas ist in das Gedächtnis einer Unternehmung "eingeschrieben", das genauso Widerstand gegen Veränderungen leistet, wie es ein Mensch tut, dem etwas zugemutet wird, womit er schlechte Erfahrungen gemacht hat.

Oder umgekehrt: Es kann vorkommen, daß man sich eine neue Marketingkampagne überlegt, die hohe Anforderungen an die Koordinationsfähigkeiten des Unternehmens stellt und erfährt, daß mit überraschender Effizienz Entscheidungen in Entscheidungen greifen und alles wie am Schnürchen läuft, weil das Unternehmen sich an irgendeine Erfahrung zum Beispiel der

Abstimmung zwischen Produktion und Marketing erinnert, die der neuen Kampagne genau angemessen ist.

Das ist denn auch einer der wichtigsten Momente, in denen man vermutet, daß es so etwas wie ein Unternehmensgedächtnis gibt: Wenn man sich ein Verhalten erklären will, das nicht einfach zu beobachten ist. Ein Unternehmensgedächtnis wie ein Gedächtnis eines Menschen hat etwas mit latenten, also im Nichtbeobachtbaren wirksamen Strukturen zu tun, die meistens auf eine angenehm oder unangenehm überraschende Weise manifest werden.

Inzwischen weiß man einiges über Phänomene der Erinnerung in Organisationen.[36] Mit dem Gedächtnis eines Unternehmens wird jeder einzelne seiner Verhaltensaspekte berührt, ohne daß man tatsächlich erklären könnte, wie eine Firma so etwas wie Vorausschau und Rückschau entwickelt.

Am schwersten fällt es, unterschiedliche Gedächtnisebenen auseinanderzuhalten und ernsthaft zu versuchen, etwa ein Organisationsgedächtnis ohne Rückgriff auf das Gedächtnis der Personen zu beschreiben, die mit dieser Organisation zu tun haben. Woran sich ein Unternehmen erinnert, ist nicht identisch mit dem, woran sich einzelne Mitarbeiter erinnern.

Was könnte das sein, das Gedächtnis eines Unternehmens? Walsh und Ungson diskutieren mehrere Möglichkeiten, die je unterschiedlich darauf hinauslaufen, die Standardverfahren eines Unternehmens, bestimmte geschriebene und ungeschriebene Entscheidungsregeln, bestimmte Gewohnheiten zum Beispiel der Überordnung der Produktion über das Marketing oder des Marketing über die Finanzen oder der Finanzen über die Perso-

---

36   James P. Walsh und Gerardo Rivera Ungson, "Organizational Memory", in: Academy of Management Review 16 (1991), S. 57-91.

nalplanung oder jeweils umgekehrt als das Gedächtnis des Unternehmens zu begreifen.

Das Gedächtnis ist ein Artefakt, das paradoxerweise um so effizienter arbeitet, je leichter es laufend neu "geschrieben" werden kann, je weniger die Erinnerungen also als tatsächlich "geschriebene" aufdringlich werden. Im Endeffekt ist das beste Gedächtnis ein Gedächtnis, das sich auf den Moment beschränkt und darauf, laufende Konsistenzprüfungen verschiedener Verfahren vorzunehmen, ohne so übermächtig zu werden, daß alle Gegenwart und Zukunft in einer alles umfassenden und definierenden Vergangenheit verschwinden.

Ein Gedächtnis kann ein Unternehmen flexibilisieren, es kann es aber auch erstarren lassen und es ist vollkommen unklar, wie man das jeweils kontrollieren kann. Es ist vielmehr der eigentliche Inbegriff eines Gedächtnisses, daß es nicht kontrolliert werden kann.

Das Gedächtnis hat keinen Ort und es ist kein Speicher, so wichtig im einzelnen etwa die Buch- und Aktenführung ist. Aber das Gedächtnis sitzt ebenso in einer Unternehmenskultur, in traumatischen Erfahrungen an Entlassungen, in euphorisierenden Erinnerungen an Innovationen, in einer bestimmten Ökologie des Umgangs mit Märkten, Menschen, Mächten und Maschinen, in einem professionellen Selbstverständnis und so weiter und so fort. Man beginnt erst zu ahnen, wie dieses Gedächtnis geschrieben und diskreditiert wird oder wie Informationen erinnert und abgerufen werden. Und man begreift erst allmählich, daß es nicht damit getan ist, ein Unternehmen das Vergessen zu lehren, damit es fit wird für den Umgang mit dem Markt.

Erwartungen an neue Techniken

Ob die Einführung der neuen Informations- und Kommunikationstechnologien für das Management von Unternehmen einen
Segen oder einen Fluch darstellt, weiß man immer noch nicht.
Man weiß nur, daß es keinen Sinn macht, diese Frage zu stellen, sondern daß man genug zu tun hat, um Schritt zu halten,
und alles tun muß, um so viel Segen wie möglich aus diesen
Technologien zu beziehen.

Unter diesem Gesichtspunkt kann man es verstehen, daß
auch die Organisationstheorie versucht, so viele positive
Aspekte wie möglich im vermehrten Einsatz von Computern
im Informationsaustausch, in der Entscheidungsfindung, in der
Datenversorgung, in der Steuerung von Produktionsverfahren
und Organisationsabläufen zu entdecken, um das Beste daraus
machen zu können und denkbare Nachteile mit den größeren
Vorteilen wettzumachen. Meistens bleibt es dann Arbeitssozio-
logen überlassen, den Spielverderber zu spielen und sich die
Schattenseiten dieser Technologien anzusehen.

Worin bestehen, im einzelnen, die erwarteten positiven
Auswirkungen? George P. Huber hat einen ganzen Katalog von
"Propositionen" zusammengestellt, die sich gegenwärtig in der
Literatur zu diesem Thema finden lassen.[37] Es handelt sich
wohlgemerkt um die Beschreibungen von Erwartungen, nicht
bereits um Erkenntnisse über die tatsächlichen Auswirkungen.
Aber natürlich zählen genau diese Erwartungen schon mit zu
den wichtigsten Auswirkungen, werden doch in ihrem Lichte
weittragende Entscheidungen der Einführung oder Nicht-Ein-
führung bestimmter Technologien getroffen.

---

[37] "A Theory of the Effects of Advanced Information Technologies on Organizational Design, Intelligence, and Deci-
sion Making", in: Academy of Management Review 15
(1990), S. 47-71.

Um so kritischer muß man sie sich im einzelnen ansehen. Aber woher nimmt man die Maßstäbe der Kritik? Wie kritisiert man Erwartungen, wenn dieselben Technologien, mit denen man auf eine turbulentere Umwelt erwartet reagieren zu können, der Grund dafür sind, daß die Umwelt turbulent wird? Wie diskutiert man die Wünschbarkeit oder Nicht-Wünschbarkeit von Veränderungen, wenn nichts so stabil bleibt, daß man in seinem Lichte alles andere betrachten könnte?

Auf diese Fragen gibt es keine Antwort, so daß es kein Wunder ist, daß dem Management generell nur die Empfehlung gegeben wird, nicht gerade Spitzenreiter aller Veränderungen zu sein, aber auf jeden Fall bei allen Neuerungen früher oder später nach- und mitzuziehen. Und sei es nur, damit man Erfahrungen sammeln kann, worum es sich bei diesen Neuerungen eigentlich handelt.

Huber erwartet, daß eine der ersten Auswirkungen der neuen Informationstechnologien darin besteht, daß eine größere Zahl und eine größere Unterschiedlichkeit von Leuten innerhalb und außerhalb eines Unternehmens an spezifischen Entscheidungen des Unternehmens beteiligt wird. Und dies aus dem einfachen Grund, daß mehr Leute ein computergestütztes Informationssystem füttern können und entsprechend auf mehr Leute als Informationsquellen zugegriffen werden kann.

Unklar ist, wie man das als steigenden Grad an Partizipation bezeichnen kann, besteht doch ein großer Unterschied zwischen einer Informationsquelle und jemandem, der Entscheidungsregeln festlegt und in einem Computersystem auch mehr oder weniger unauffällig derart installiert, daß sie gar nicht mehr umgangen werden können.

Mit Recht erwartet Huber, daß die Entscheidungseinheiten größer und heterogener werden und die Bedeutung von Entscheidungen, die unter vier, sechs oder acht Augen getroffen werden, stark abnimmt. Der Handschlag, wenn man so sagen darf, wird ebenso weiter aus dem Mittelpunkt des Geschehens verdrängt wie die persönlichen Treffen auf unterschiedlichen Unternehmensebenen. Ein der wichtigsten Konsequenzen erwähnt Huber jedoch nicht, nämlich den Umstand, daß angesichts der geringeren Bedeutung von persönlichen Kontakten fast zwangsläufig allen solchen Kontakte, die dennoch stattfinden, leicht etwas verdächtig Verschwörerisches anhaftet. Wer sich trifft, ist schon in eine Kungelei verwickelt.

Es gibt mit den neuen Technologien weniger und weniger Entscheidungen, die von einer ausdrücklichen Autorisierung abhängen, weil mehr und mehr Entscheidungen nicht routinisiert, aber automatisiert werden können. Und das hat im Innen- wie Außenkontakt des Unternehmens die noch viel zu wenig berücksichtigte Konsequenz, daß es zunehmend unklarer wird, an wen (oder was) man sich halten muß, wenn man Veränderungen durchsetzen will.

Außerdem werden die Unternehmen gerade in dieser Hinsicht der Autoritätsverteilung zunehmend unterschiedlicher. Es hängt von je individuellen Entwicklungen, von einer spezifischen Unternehmensgeschichte ab, wer (oder was) in je unterschiedlichen Entscheidungszusammenhängen "das Sagen" hat.

Und das wiederum bedeutet, daß es nicht mehr möglich ist, von dem einen Unternehmen auf das andere zu schließen. Es gilt weniger und weniger, daß man alle Unternehmen kennt, wenn man einige kennt.

Unternehmensberatung mit Büchern

Warum schreiben Unternehmensberater Bücher? Warum beliefern sie einen schier unersättlichen Markt laufend mit Neuerscheinungen, die immer denselben Wein auf neue Flaschen ziehen? Sicher, es gibt Gründe genug, es immer wieder neu zu versuchen. Immer wieder wachen hier und da Manager aus ihrem Schlaf der Entscheidungsroutinen auf, reiben sich die Augen und müssen lesen. Immer wieder gilt es einen Versuch zu machen, einen neuen Tonfall zu finden, in dem wir uns darüber verständigen können, was Sache ist in der Welt der Unternehmen. Ohne diesen neuen Tonfall bleiben wir stecken in einem alten, allzu vertrauten Denken. Ohne diesen neuen Tonfall lernen wir nicht zu reden, wie wir hier und da, andeutungsweise, schon denken.

Aber warum sind es ausgerechnet die Unternehmensberater, die schreiben? Muß man sie verdächtigen, daß jedes ihrer Bücher eine Werbemaßnahme darstellt zur Förderung des eigenen Unternehmens der Unternehmensberatung? Man muß. Aber niemand muß sich daraus Gewissensbisse machen. In mindestens zwei Hinsichten erfüllen diese Bücher eine sinnvolle Funktion. Ein in Santa Monica, Kalifornien, ansässiger Unternehmensberater, Milton D. Rosenau, schreibt,[38] daß ein Buch zu schreiben für viele Kollegen eine wesentlich angenehmere Werbemaßnahme sei als jene mühevollen Akquisitionen in Tennisclubs, auf dem Golfplatz oder am Telefon. Ein Buch macht einen Namen bekannt. Und es dient in einer Branche, die keine Zugangskontrollen kennt, keine geschriebenen Standards hat und ohne berufsqualifizierende akademische Titel auskommen muß, als Qualifikationsnachweis.

---

[38]   "You Can Benefit From A Published Book", in: Journal of Management Consulting 6 (1990), S. 26-29.

Das heißt natürlich nicht, daß ein Unternehmensberater notwendig damit rechnet, daß sein Buch gelesen wird. Obwohl das natürlich nicht schaden würde. Aber viel wichtiger ist, so Rosenau, daß man das Buch benutzen kann, um sich in einem Unternehmen einzuführen oder, nicht zu unterschätzen, sich innerhalb eines Unternehmens einführen zu lassen. Der Verweis aufs Buch ersetzt jede andere Begründung, warum gerade dieser Berater unter Vertrag genommen wurde und nicht ein anderer. Wer ein Buch schreibt, gilt als Experte – auch wenn man ihn, vorsichtshalber, immer mit dem Hintergedanken beobachtet, möglicherweise handele es sich nur um einen "Schreiberling".

Aber das ist noch nicht alles. Ein Buch soll nicht nur werben. Und es soll nicht nur Expertise garantieren. Mindestens genauso wichtig kann es sein, daß sein Buch dem Unternehmensberater garantiert, nicht so ohne weiteres in die Probleme, in die Sprache und in die Weltsicht eines Unternehmens hineingezogen zu werden, das er beraten soll. Das Buch garantiert, daß der Berater seine eigene Weltsicht hat, seine eigene Sprache und seinen eigenen Zugriff auf Probleme. Ohne diesen Eigensinn wäre er als Berater untauglich.

Das Buch, beziehungsweise die nicht auf einen einfachen Nenner zu bringende Perspektive, die darin entfaltet wird, macht den Berater undurchschaubar, wie Niklas Luhmann einmal über Unternehmensberatung gesagt hat.[39] Und diese Undurchschaubarkeit kann er nutzen, um Perspektiven zu entwickeln, die dem Unternehmen nicht schon selbstverständlich sind. Der Bücherschreiber läßt sich nicht so ohne Weiteres vereinnahmen. Dank seines Buches weiß er, wer er ist, und bleibt er fähig, alle anderen immer wieder zu überraschen.

---

[39]   "Kommunikationssperren in der Unternehmensberatung", in: ders. und Peter Fuchs, Reden und Schweigen, Frankfurt am Main: Suhrkamp, 1989, S. 209-227.

Kaum etwas scheint mehr auf Kommunikation aus zu sein als ein Buch. Warum sollte man es schreiben, wenn man nicht gelesen werden will? Aber selbst, wenn es nur der Befriedigung der eigenen Eitelkeit dient: Es gibt kaum eine bessere Technik, mit Reserve gegenüber der Kommunikation zu kommunizieren. Man gewinnt Abstand. Man gewinnt einen Überblick. Und man schreibt etwas, was vielleicht auch anderen ermöglicht, sich einen Moment aus dem Geschäft herauszuziehen.

Das Buch garantiert, daß man ein Außenseiter ist und bleibt. Sonst wäre Beratung oft nicht möglich. In den Augen der Umstehenden markiert das Buch den Berater wie einst der Narr den König. Man muß ihn ernst nehmen können. Man muß ihn aber auch auslachen können. Das wäre der Empfehlung von Rosenau also hinzuzufügen: Vorsicht mit dem Bücherschreiben!

Warten auf die Revolution

Wer sich der Managementliteratur unbefangenen Auges nähert, entdeckt ein Maß an Suggestivität, das man andernorts kaum findet. Wer diese Literatur liest, wird eher verführt denn überzeugt. Denn überzeugt ist man schon, wenn man zu einem der einschlägigen Bücher greift. Das Problem, nämlich die Instabilität der Märkte, steht allen Lesern vor Augen. Nur die Lösung, nämlich eine neue Organisationsform für Unternehmen, muß noch gefunden werden. Die Literatur will dazu verführen, zu glauben, daß es diese Lösung gibt. Sie suggeriert, daß man auf die alten Formen hierarchischer Unternehmen nicht nur verzichten muß, sondern inzwischen dank einiger Alternativen auch verzichten kann.

Die Managementliteratur kann so suggestiv sein, weil sie sich seit drei Jahrzehnten in ihren wichtigsten Punkten unaufhörlich wiederholt. Vor 30 Jahren erschien in London die bahnbrechende Studie von Tom Burns und George M. Stalker,[40] in der alles nachzulesen ist, was noch heute und immer wieder Herz und Kopf eines Managers beschäftigt. Seither weiß die Managementliteratur, daß sie auf der richtigen Seite operiert. Ihr Wissen ist ihr und allen Lesern selbstverständlich geworden. In vielen Unternehmen ist dieses Wissen bereits in hohem Maße realisiert worden. In vielen anderen jedoch sind Organisationsumstellungen auf der Ebene der Beschreibung von Burns und Stalker immer noch eine sichere Methode für die Auslösung einer Revolution nicht nur in der Organisationskultur, sondern in allem, was das Selbstverständnis eines Unternehmens ausmacht. Das gilt für die Rolle der Hierarchie, die Behandlung von Mitarbeitern vom Umgangston bis zur Personalpolitik, die Entscheidungsspielräume auf allen Ebenen, ja sogar die Redeweise selbst von "Ebenen". Wenn man Unternehmen enthierarchisieren will, darf man nicht mehr von Ebenen reden, sondern müßte man von Knotenpunkten oder Unternehmensbereichen reden, wobei jeder einzelne Mitarbeiter ein Knotenpunkt ist, der mit mehr oder weniger vielen anderen Knotenpunkten verbunden ist, beziehungsweise, das ist die Pointe, sich selbst verbindet.

Anläßlich der Untersuchung von Unternehmen der englischen und schottischen Elektronikindustrie, die in den fünfziger Jahren erfolglos mit der Einführung von Entwicklungsabteilun-

---

40   The Management of Innovation, London: Tavistock, 1961. Siehe dazu Karl E. Weick, "Theorizing about Organizational Communication", in: Frederic M. Jablin et al., Hrsg., Handbook of Organizational Communication: An Interdiciplinary Perspective, Newbury Park, Cal.: Sage, 1987, S. 97-122.

gen neuen, akademischen Typs experimentiert haben, stellen Burns und Stalker einen grundsätzlichen Unterschied zwischen "mechanischen" und "organischen" Managementsystemen fest. Unternehmen passen sich an instabile Märkte an, indem sie den Unternehmensaufbau von einem mechanischen System auf ein organisches System umstellen. Unter einem mechanischen System verstehen sie eine Hierarchie, in der an der Spitze geregelt werden kann, was auf allen Ebenen der Unternehmung getan werden muß. Zwar findet man ein immer genaueres Wissen über die Spezifizität einer Aufgabe, je weiter man "nach unten" kommt, doch wird die Einordnung und Zuordnung jeder Aufgabe zu allen anderen über Instruktionen gesteuert, die "von oben" kommen. Das mechanische Managementsystem kombiniert vordefinierte Spezialisten. Das Unternehmen selbst ist nur die Exekution eines vorgefaßten Plans.

Ganz anders das organische System. Unter äußerster Beanspruchung der mentalen, emotionalen und kommunikativen Fähigkeiten aller Beteiligten, wie Burns und Stalker nicht verschweigen, überläßt es dieses System den Mitarbeitern, herauszufinden, worin die Aufgabenstellung des Unternehmens besteht und was ihr jeweiliger Beitrag zu dieser Aufgabenstellung sein kann. Die Frage, die in einem mechanischen System bereits an Meuterei grenzt, nämlich "Was ist der Sinn unseres Unternehmens?", wird jetzt zur Dauerbeschäftigung jedes einzelnen. Das Unternehmen wird zu einem interpretierenden System, das seine Umwelt, seine Märkte, Konkurrenten, Kunden, Lieferanten, ständig auf Lücken hin beobachtet, die von diesem Unternehmen bedient werden könnten. Das Unternehmen ist der ständigen Aufgabe unterworfen, seine Nische sowohl zu entdecken wie auch zu füllen, während sich um es herum alles ändert, also auch seine Nische. Es gibt kein Vorabwissen, das in einer Unternehmenshierarchie verkörpert werden könnte, sondern nur einen unendlichen Prozeß des Herausfindens, worum es kurz, mittel- und langfristig gehen könnte.

Die Suggestivität der Managementliteratur wird uns solange erhalten bleiben, wie die Revolution, zu der sie verführen will, noch nicht stattgefunden hat. Bis dahin wird man sich immer wieder ebenso fasziniert in diese Bücher versenken wie man auch immer wieder einmal Stephen W. Hawkings "Eine kurze Geschichte der Zeit: Die Suche nach der Urkraft des Universums" oder andere Bücher über das Universum liest – weil man einfach nicht begreift, was da beschrieben wird.

Lose Kopplung

Kaum jemandem, der mitverfolgt, was Herz und Verstand eines auf sich haltenden Managers in den letzten Jahren bewegte, entgeht die eigentümliche Mischung von Rationalitätsglauben und Spontaneitätsbereitschaft. Die typische Geisteshaltung eines Managers ist eine wache Bereitschaft zum Sprung von einer vernünftigen Idee zu einer anderen. Und den guten Manager kennzeichnet, daß er nicht allzu lange bei dem Umstand verweilt, daß es für die Sprünge selbst nur selten gute Gründe gibt. Daß man eine alte vernünftige Idee abwertet und eine neue vernünftige Idee aufgreift, wird ohne zu zögern veränderten Umständen zugerechnet. Und damit liegt man ja auch meistens richtig. Das Risiko, zu häufig auf veränderte Umstände zuzurechnen und den Sprüngen selbst mehr Gewicht zuzumessen als der Vernunft der Ideen zwischendurch, muß man in diesem Geschäft in Kauf nehmen und durch eine Prämierung einer allgemeinen Besonnenheit bei allem, was man tut, zu kontrollieren versuchen.

Für Managementtechniken und Organisationsfragen dies-
seits der Geisteszustände der beteiligten Manager wird es nun
interessant zu sehen, daß auch in den Fragen der Unternehmensführung viel Wert auf den Versuch gelegt wird, ausgewogene
Mischungsverhältnisse zwischen Rationalität und Planbarkeit
einerseits und Spontaneität und Flexibilität andererseits gelegt
wird und auch hier so etwas wie eine allgemeine Besonnenheit
dem unruhigen Geschäft ein gewisses Maß an Ruhe geben soll.

Die Managementtechniken, die aus dieser Idee eines ausge-
wogenen Mischungsverhältnisses gewonnen werden, wirken allerdings oft eher so, als seien sie zur strategischen Verwirrung
der Situation im Interesse der Wenigen erfunden, die daraus ihren Nutzen zu ziehen verstehen. Es geht drunter und drüber,
niemand hat den Durchblick und bestimmte Leute schneiden
immer wieder überraschend gut ab. Kein Wunder, daß den Mitarbeitern Zweifel kommen.

Es wäre schade, wenn das, was sich im Management gegenwärtig tut, so allgemein auf die Süppchen reduziert würde,
die sich einige Leute zu kochen verstehen. Es ist mehr im
Spiel. Aber man braucht einen Begriff für das, was sich gegenwärtig tut, um es besser zu begreifen und um mitverfolgen zu
können, wer daraus was macht. Ein solcher Begriff, eines der
wenigen Konzepte, die die Suggestionen der Managementphilosophien steuern, ist der Begriff der "losen Kopplung".

Der Organisationspsychologe Karl E. Weick hat ihn vor
Jahren zusammen mit anderen in die Diskussion eingeführt und
hat nun mit J. Douglas Orton noch einmal zusammengestellt,
wie dieser Begriff gemeint war und wie er in der Organisations-
forschung fruchtbar gemacht wird.[41]

---

41   "Loosely Coupled Systems: A Reconceptualization", in:
     Academy of Management Review 15 (1990), S. 203-223,
     im Anschluß an Karl E. Weick, "Educational Organizations

Der Begriff der losen Kopplung soll eine Organisationsform beschreiben, in der Rationalität und Unbestimmtheit
gleichzeitig möglich sind. Kopplung heißt, daß man selbstverständlich in einem Unternehmen nicht darauf verzichtet, auf
Ursache und Wirkung sowohl auf der Technologieebene der
Produktion wie auch auf der Organisationsebene von Entscheidungsabläufen zu achten. Kopplung heißt: Einführung von
Kontrollierbarkeit auf beiden Ebenen. Aber andererseits geht es
eben um lose Kopplung. Und das bedeutet, daß es nicht immer
nur vorab bestimmte Wirkungen sind, die auf bestimmte Ursachen folgen, sondern daß ein gewisses Maß an Unbestimmtheit
zugelassen wird.

Der entscheidende Punkt bei dem Konzept ist, daß Kopplung
und Lockerung nicht auf verschiedene Abteilungen der Organisation verteilt werden. Etwa in dem Stil, daß man für die Produktion auf fester Kopplung besteht und der Unternehmensführung die komplementären Lockerungsübungen zugesteht. Tatsächlich sollte lose Kopplung auf allen Ebenen herrschen.
Wenn man mit diesem Konzept arbeitet, fällt es leichter, mit
den Widersprüchen der Unternehmensführung umzugehen und
im Auge zu behalten, ob einige Leute Vorteile aus diesen Widersprüchen beziehen, die nicht im Sinne anderer sein können.
Der Begriff der "losen Kopplung" empfiehlt sich als Beobach-
tungsinstrument des Unternehmensalltags ebenso wie als Leitfaden des Organisationsdesigns. Erst dann kann man sich darüber verständigen, daß Unkontrollierbarkeit nicht mit Irrationalität gleichzusetzen ist. Und erst dann ist der Manager vielleicht
bereit, das, was er sich selbst zugesteht, auch seinem Unternehmen zuzugestehen: Sprungkraft.

---

as Loosely Coupled Systems", in: Administrative Science
Quarterly 21 (1976), S. 1-19.

Vom Nutzen ungelöster Probleme

Daß in der Auseinandersetzung mit dem Markt der Betrieb das Problem und das Management die Lösung darstellt, ist wahrscheinlich eine Geschichte, die noch nie gestimmt hat. Aber eine entsprechende Auffassung hat sich lange gehalten. Eingespannt in ein Denken in den Begriffen des Zweck/Mittel-Schemas wurde es jahrzehntelang als die Aufgabe eines weitblickenden und beweglichen Managements betrachtet, mehr oder weniger unbewegliche und blinde Betriebsstrukturen an neue Problemlagen anzupassen und auf neue Ziele zu richten.

Es gibt mindestens drei gute Gründe, von dieser Auffassung abzurücken.

Erstens, aber das wird niemanden überraschen, ist die tatsächliche Entwicklung von Unternehmensstrukturen nicht auf ein so einfaches Schema zu bringen. Die Probleme und ihre Lösungen verteilen sich über das gesamte Unternehmen. Meistens ist schon viel gewonnen, wenn man sie überhaupt innerhalb des Unternehmens lokalisieren kann, also dort, wo man Probleme identifizieren und Lösungen anwenden kann, und nicht generell einer "feindlichen" Umwelt zurechnet, gegen die man sich dann nur "schützen" zu müssen glaubt.

Tatsächlich finden sich oft genug für die Probleme innerhalb einer Abteilung die Lösungen in einer anderen. Oder es finden sich für Probleme innerhalb des Managements die Lösungen im Betrieb, man denke nur an die heilsamen Effekte einer Betriebsstruktur, die so angelegt ist, daß Kompetenzstreitigkeiten auf ein belebendes Mindestmaß reduziert werden können.

Der amerikanische Wirtschaftssoziologe Arthur L. Stinchcombe kann zeigen, daß die Entwicklung eines Unternehmens, der über die Jahre verteilte Aufbau seiner Strukturen und Eigentümlichkeiten, der Verteilung der Probleme und nicht der

Verteilung der Lösungen folgt.[42] Das Unternehmen ist kein Instrument zur Lösung von Problemen, sondern ein Instrument zur Identifizierung von Problemen. Betriebsstrukturen kristallisieren dort, wo es ungewiß ist, wie es weitergeht. Und nicht dort, wo man die Dinge bereits im Griff hat.

Ein zweiter guter Grund, nicht an eine einfache Verteilung von Probleme und Lösungen zu glauben, liegt darin, daß Unternehmen im Wettbewerb stehen und ein strategisches Interesse daran haben müssen, für Konkurrenten weitgehend undurchschaubar zu sein. Nichts wäre einfacher, als ein Unternehmen zu imitieren, das überzeugende Lösungen für klar definierte Probleme hat. Überzeugende Lösungen sind allenfalls etwas für die Werbung.

Zweideutigkeiten, ja sogar Widersprüchlichkeiten im Verhältnis von Mitteln und Zwecken, Fähigkeiten und Ressourcen, Handlungen und Ergebnissen sind der beste Schutz gegen Konkurrenten. Das ist das Ergebnis der Überlegungen von Richard Reed und Robert J. DeFilippi.[43] Der beste Wettbewerbsvorteil sind komplexe Probleme, sind Lösungen, die eingespielt, aber nicht offenkundig sind, sind begrenzt verwendbare Verfahren, die nicht sofort verallgemeinert und von anderen übernommen werden können.

Der dritte Grund zieht die Summe aus den beiden ersten. "Mach's kompliziert!" empfiehlt ein gut Teil der Managementphilosophie nach einer alten Rezeptur des Organisationspsy-

---

42 Information and Organization, Berkeley : University of California Pr., 1990.

43 "Causal Ambiguity, Barriers to Imitation, and Sustainable Competitive Advantage", in: Academy of Management Review 15 (1990), S. 88-102.

chologen Karl E. Weick.[44] Nur wenn es kompliziert ist, sei es im Bereich der Unternehmensführung oder im Bereich der Buchführung, sei es in Forschung und Entwicklung oder in Produktion und Marketing, gewinnt man Bewegungsspielräume, die nicht gleich von anderen durchschaut werden. Wenn man möglichst kompliziert an die Sachen heranzugehen versucht, hat man schließlich immer mehr Lösungen zur Hand, als sich Probleme stellen. Das heißt, man kann wählen. Und man verfällt, wenn man Glück hat, auf kleine Lösungen, die manchmal mehr bewegen als die großen und die für andere immer ein Rätsel bleiben.

Eine Wirklichkeit zweiter Ordnung

Es beginnt sich herumzusprechen, woran die Gegenwart zu kranken scheint, und es steht zu fürchten, daß sich diese Diagnose auch und gerade unter Unternehmern ihre Freunde schaffen wird. So erscheint im "Economist" eine Glosse über "Die Tyrannei des Differentialkalküls",[45] in der mit großer Treffsicherheit jegliches "Denken zweiter Ordnung" als Sündenfall beschrieben wird. Denken zweiter Ordnung zeigt sich darin, daß Politiker sich nicht mehr um die Lösung von Problemen kümmern, sondern darum, welche Leute die Lösung welcher Probleme unter Umständen mit Wahlstimmen honorieren könnten. Investoren an der Börse interessiert nicht, wie sich der Wert bestimmter Aktien aufgrund der Ertragsentwicklung der ausgeben-

---

[44]   Der Prozeß des Organisierens. Aus dem Amerikanischen von Gerhard Hauck, Frankfurt am Main: Suhrkamp, 1985.

[45]   Ausgabe vom 6. April 1991.

den Unternehmen entwickeln könnte, sondern welche Entwicklung andere Investoren erwarten. Man prognostiziert nicht Entwicklungen, sondern Prognosen, und erfaßt nur dadurch die tatsächliche Marktentwicklung. Man erwartet nicht, was geschehen könnte, sondern man versucht, seine Erwartungen daran zu orientieren, was andere erwarten könnten.

Und so ist es allerorten. Der Physiker ebenso wie der Ökonom beobachten nicht ihre Instrumente und Theorien, sondern die Kriterien der Vergabe von Nobelpreisen. Der Journalist berichtet nicht, was geschieht (wo sollte er da auch anfangen und aufhören), sondern das, was andere für wichtig halten. Der Konsument kauft nicht das Parfüm, das ihm gefällt, sondern das, das andere tragen.

In der Wissenschaft gibt es ähnliche Tendenzen. Heinz von Foerster hat die Kybernetik erster Ordnung der Kontrolle von Systemen fortentwickelt zur Kybernetik zweiter Ordnung, die sich um die Kontrolle von Kontrolle kümmert. In der Linguistik geht es schon lange nicht mehr darum, was die Wörter tatsächlich bedeuten könnten (eine vergebliche Frage), sondern darum, wie Wörter festlegen, was Wörter bedeuten. Sogar in der eher bedächtigen Soziologie ist einigen Wissenschaftlern deutlich geworden, daß eine Gesellschaft primär nicht aus Strukturen, Ordnungen und Unordnungen besteht, sondern aus Orientierungen an Strukturen, aus der Sehnsucht nach oder Furcht vor Ordnung oder Unordnung. Nicht *was* die Leute tun, ist ausschlaggebend, sondern *wie* andere beobachten, was sie tun. Und erst daraus, aus der Beobachtung von Beobachtern, entwickeln sich Strukturen. Es ist, nebenbei bemerkt, nicht mehr ernsthaft möglich, Wettbewerbs- und Marktstrukturen anders denn unter Rückgriff auf eine solche Beobachtung zweiter Ordnung zu erklären.[46]

Am heftigsten wird der Streit unter Philosophen und Literaturwissenschaftlern als Debatte um die sogenannte "Dekonstruktion" geführt, deren Meister Jacques Derrida auch an den großen Texten der Philosophie zeigt, daß jedes raffiniertere Denken erst dort beginnt, wo nicht einfach Unterscheidungen getroffen werden, zum Beispiel zwischen dem Wahren und dem Falschen, dem Vernünftigen und dem Unvernünftigen, dem Zeichen und dem Bezeichneten, denen man dann auf den Leim geht, sondern dort, wo Unterscheidungen ihrerseits unterschieden und auf ihre Funktionsweise und Leistungsfähigkeit hin untersucht werden.

Die Dekonstruktion ist in angelsächsischen Ländern längst auch in betriebswirtschaftlichen und organisationstheoretischen Zeitschriften vertreten.[47] Ohne große Ergebnisse bisher, aber das kann sich ändern. Auch die Biologie, auch die Physik und auch die Logik sind so weit, daß sie nicht mehr Gegenstände untersuchen, sondern Unterscheidungen, um den Konstruktionsprinzipien und den Änderbarkeiten von Sachverhalten auf die Spur zu kommen. Dieses Denken wird sehr bald, diese

---

[46]   Siehe meine Arbeit: Information und Risiko in der Marktwirtschaft, Frankfurt am Main: Suhrkamp, 1988.

[47]   Siehe C. Edward Arrington und Jere R. Francis, "Letting The Chat Out Of The Bag: Deconstruction, Privilege and Accounting Research", in: Accounting, Organizations and Society 14 (1989), S. 1-28; Robert Cooper, "Modernism, Post Modernism and Organizational Analysis 3: The Contribution of Jacques Derrida", in: Organization Studies 10 (1989), S. 479-502; Gerald E. Frug, "The Ideology of Bureaucracy in American Law", in: Harvard Law Review 97 (1984), S. 1276-1388; Emery M. Roe, "Deconstructing Budgets", in: Diacritics 18 (1988), 61-68.

Prognose wage ich, auch in der Organisationstheorie, in der Technologieforschung und vielleicht sogar in der allgemeinen ökonomischen Theorie seine Früchte tragen.

Das Gegenargument lautet seit jeher: Wirklichkeit erschließt sich nur im unmittelbaren Zugriff, und anders wüßten wir nicht, worauf es ankommt, und hätten, vor allem, keinen Spaß daran. Aber wer sollte, allen Ernstes, leichter als ein pragmatischer Unternehmer davon zu überzeugen sein, daß nur das wirklich werden kann, was konstruiert wird und was sich als wirklich durchsetzen läßt im Streit der Meinungen darüber, was wirklich ist. Kurz, der beste Anlagetip auf dem Gebiet intellektueller Entwicklungen lautet gegenwärtig: Denken zweiter Ordnung. Es gibt kein Zurück in die erste Ordnung.

Politische Ökonomie der Symbolanalyse

In Amerika und hierzulande wird ein Buch diskutiert, das überzeugend vor Augen führt, was das einmal war: politische Ökonomie. Robert B. Reich, Harvard-Politökonom und jetzt Präsident Clintons Staatssekretär für Arbeit, hat ein Buch geschrieben,[48] das glänzend auf den Punkt bringt, was in unserer Wirtschaft, in unseren Unternehmen und in unserer Arbeit gegenwärtig vor sich geht.

Wenn es dieses Buch nicht gäbe, könnte man fast vergessen, daß es so etwas wie eine politische Ökonomie einmal gab, nämlich ein Vermögen, wirtschaftliche Fragen so zu beschreiben, daß man sie einerseits im Zusammenhang mit Politik und

---

[48] The Work of Nations: Preparing Ourselves for 21st-Century Capitalism, New York: Alfred A. Knopf, 1991.

Gesamtgesellschaft sieht und andererseits nicht die Segel streicht vor der überwältigenden Komplexität dieser Fragen, sondern durchaus auch Chancen für Eingriffe und für Entscheidungen über weitere Entwicklungen sieht. Reich nimmt in diesem Sinne sehr pointiert Stellung. Und es ist eher der begrenzten Reichweite der politischen Ökonomie als dem Autor zuzuschreiben, daß seine Lösungen dann weniger überzeugen als seine Problembeschreibungen.

Reich plaziert sein Buch treffsicher in die Diskussion um Aufstieg und Niedergang der amerikanischen Wirtschaft, indem er davon ausgeht, daß es so etwas wie nationale Ökonomien, deren Erfolg oder Mißerfolg an Handelsbilanzen abgelesen werden könnte, nicht mehr gibt. Jedes erfolgreiche Unternehmen ist heute Teilnehmer an einem vielfältigen internationalen Netzwerk, in dem Technologie und Design, Komponenten und Marketing, Unternehmensberatung und Finanzierungstechniken ohne Rücksicht auf nationale Zugehörigkeiten getauscht und gehandelt werden. Darum gibt es auch keine "nationalen" Unternehmen mehr, die man in die "nationale" Pflicht nehmen könnte oder, aktueller, protektionistisch vor Schlimmerem bewahren könnte.

Aber so interessant es ist, unser Verständnis von "Volkswirtschaft" auf das Zeitalter der Durchsetzung und Aufrechterhaltung von Massenproduktion zu beziehen, so sehr ist Reich doch eher daran interessiert zu zeigen, daß wir unsere Wirtschaft in den falschen Begriffen verstehen und beschreiben, seit sie sich umstellt von Massenproduktion auf hochwertige Produktion. Denn mit dieser Umstellung lösen sich die Fundamente auf, auf denen die Volkswirtschaft einmal errichtet war: die routinisierbare Arbeit, das hierarchisierbare Unternehmen, die Landesgrenze als Marktgrenze.

Reich zeigt, daß die folgenreichste Arbeit heute nicht mehr in der Produktion von Dingen, sondern in der Verarbeitung von

Symbolen besteht, von Daten, Worten, Bildern, Klängen. Ein neuer Typ von Arbeit ist entstanden, die er "symbolanalytische Dienstleistung" nennt und die vornehmlich in der Lösung und Bestimmung von Problemen sowie dem Makeln mit diesen Lösungen und Bestimmungen besteht. Forschung, Design und Produktion sind damit befaßt, Probleme zu lösen. Marketing, Werbung und Beratung identifizieren die Probleme bei denen, denen man die Lösungen anbieten kann. Und die Makler sind damit beschäftigt, Wissen und Informationen zusammenzubringen, Spezialisten anzuheuern, Verträge abzuschliessen und die Produktion zu finanzieren.

An der Wall Street, im Silicon Valley oder in Hollywood – und vielleicht auch in Dresden – lösen sich die Unternehmen auf in Netzwerke, in deren Mitte Makler sitzen, die je nach Bedarf und Zielrichtung kurz- oder langfristige Verträge mit Arbeitskräften, Zulieferern, Finanziers, Buchhaltern, Lizenznehmern usw. abschließen.

Die Wirtschaft hebt ab und läßt die Leute zurück. Alles ist mobil geworden, Geld, Information, Ausrüstungen und Betriebe – nur die Leute sind noch an Orte gebunden. Und genau da setzt Reich an. Wirtschaftspolitik, die diesen Namen verdient, heißt für ihn, Infrastrukturmaßnahmen und Erziehungspolitik so anzulegen, daß die Leute vor Ort fähig werden, sich an den globalen Netzwerken zu beteiligen und sich, wenn möglich, so zu beteiligen, daß sie es sind, die die Probleme bestimmen und lösen, die jeweils gehandelt werden.

Reichs Ziel freilich ist noch ein anderes. Er will die Schicht der Intelligenzarbeiter zurückbinden in die nationale Verantwortung. Er will verhindern, daß sie sich nur noch international identifizieren und daheim ihre Wohnorte, Schulen, Verkehrsmittel, Clubs und Golfplätze von allen anderen abschotten.

Aufmerksamkeit auf Zufälle

Einer der großen Unterschiede zwischen Wissenschaft und Praxis bestand traditionellerweise immer darin, daß dort, wo der Wissenschaftler Gesetze wirken sieht, der Praktiker meist nur Zufälle erkennen kann. Wissenschaft hieß jahrhundertelang, freilich nie ohne Protest: Angabe von Ursachen und Wirkungen, Suche nach Kausalgesetzen. Es herrschte der "Satz vom Grunde", der fordert, daß nichts existiert oder geschieht, zu dem sich nicht ein Grund finden lassen könne. Als Praxis galt dagegen ebenfalls jahrhundertelang, und auch nie ohne Protest: Ausnutzung glücklicher Zufälle, Beobachtung von Gelegenheiten, der Blick für den richtigen Moment.

Vereinbar waren diese beiden Auffassungen nur indirekt. Die Wissenschaftler trösteten sich mit dem Gedanken, daß die ungeordneten und unübersichtlichen Verhältnisse "unter dem Mond", also auf der Erde, mit der Zeit ihre Gesetze ebenso zu erkennen geben würden wie die geordneten Verhältnisse im Kosmos, wo Sterne berechenbar ihre Bahnen ziehen.

Und die Praktiker wußten sehr wohl das Argument der Naturgesetze zu schätzen, "unter dem Mond", in der Politik, in der Wirtschaft und andernorts noch mehr als unter den Gestirnen. Denn nur wer sich rechtzeitig und glaubwürdig auf ein Gesetz berufen kann, hat eine Chance, einen Zufall auszubeuten, ohne daß andere ihm in die Quere kommen, die ihre eigenen Gelegenheiten suchen und zu nutzen verstehen. Das Gesetz ist ein Argument zur Ordnung der Verhältnisse. Und niemand weiß das mehr zu schätzen als der, der auch weiß, wie die Verhältnisse zu ändern sind. Um so besser, wenn es dann auch noch Wissenschaftler gibt, die wirklich an Gesetze glauben.

Mit dieser schönen Aufteilung zwischen Wissenschaft und Praxis ist es vorbei. Vorbei ist es daher auch mit der Möglichkeit, die einen von der Ordnung reden und die anderen für die

Ordnung sorgen zu lassen, mit allen Vorteilen, die alle Beteiligten aus dieser Arbeitsteilung ziehen.

Was ist geschehen? Ganz einfach, die Wissenschaft hat die Rolle des Zufalls und der Unordnung entdeckt. Das ist nichts Neues. Neu ist aber, daß nun auch die Ökonomen sich interessiert zeigen. Kaum etwas erfreut sich größerer Beliebtheit unter ehrgeizigen Jungökonomen als die Chaosforschung und die Selbstorganisationsforschung. W. Brian Arthur, Ökonom an der Stanford University in Kalifornien hat die Erkenntnis sogar in einer populären Wissenschaftszeitschrift publizieren können,[49] daß die Wirtschaft in allen relevanten Branchen nicht, wie die Ökonomen jahrzehntelang unterstellten, mit abnehmenden, sondern mit wachsenden Ertragsraten produziert.

Das hört sich denkbar harmlos an, ist es aber ganz und gar nicht. Eine Wirtschaft, die mit abnehmenden Ertragsraten produziert, was vor allem in der Landwirtschaft trotz aller modernen Düngetechniken und möglicherweise generell in ressourcenabhängigen Wirtschaftszweigen gilt, hat einen und nur einen mathematisch ableitbaren Gleichgewichtspunkt. Ein Wirtschaft dagegen, die mit zunehmenden Ertragsraten produziert, was in allen wissensintensiven Wirtschaftszweigen gilt, in denen hohe Einstiegs- und Entwicklungsinvestitionen zu Produkten führen, die dann immer günstiger nachgebaut werden können, hat nicht nur einen, sondern zahlreiche Gleichgewichtspunkte.

Was immer man von mathematischen Modellen halten mag, hier zeigen sie, daß es ausschließlich von Zufällen ab-

---

[49] "Positive Feedbacks in the Economy", in: Scientific American, February 1990, S. 92-99. Siehe auch ders., "Self-Reinforcing Mechanisms in Economics", in: Philip W. Anderson, Kenneth J. Arrow, David Pines, Hrsg., The Economy as an Evolving Complex System, Redwood City, Calif.: Addison-Wesley, 1988, S. 9-31.

hängt, welche der sogenannten Gleichgewichtslösungen sich einstellt. Und bei diesen Zufällen handelt es sich um kleine, unbeobachtbare Ereignisse, die jedoch ausreichen, eine Entwicklung in bestimmte Bahnen zu lenken, aus denen sie dann nicht wieder herauskommt. Kleine Ereignisse, große Folgen. Praktiker müssen jetzt also damit rechnen, daß Wissenschaftler sehr genau zu beobachten versuchen, was gerade dann passiert, wenn die Verhältnisse noch ungeordnet sind. Sie sind weniger und weniger geneigt, die schließliche Ordnung zu feiern. Und mehr und mehr geneigt, herauszufinden, wie sie sich herstellt.

Kaum etwas ist dafür wichtiger als die Einsicht, daß alle sogenannte Notwendigkeit sich nicht darauf zurückführen läßt, daß das Vernünftige sich schließlich durchsetzt, sondern daß irgendwann einmal Entscheidungen getroffen worden sind, deren Reichweite niemand ahnte.

Die Zukunft der Arbeit

Wie werden wir in Zukunft arbeiten? Von einer Antwort auf diese Frage hängt ab, welche Produktionsverfahren und Technologien wir gegenwärtig entwickeln, wo wir unsere Arbeitsqualifikationen vermuten und aufbauen, welche anderweitigen Interessen wir uns erlauben, wie wir uns Möglichkeiten der Lebensführung, der Kombination von Arbeitszeit und Freizeit, vorstellen, wie wir unsere Büros, Fabriken und Wohnungen einrichten, wie wir unsere Städte gestalten und nicht zuletzt auch, welche Einkommens- und Konsumerwartungen wir hegen.

Robert B. Reich macht in seinem Buch über "The Work of Nations"[50] einen Vorschlag, sich die Zukunft der Arbeit vorzustellen, der höchst geschickt einen Begriff von der Komplexität und Variationsbreite gegenwärtiger Entwicklungen mit der Suche nach einigen wenigen Ordnungslinien kombiniert, an der sich sowohl Manager orientieren können, die sich um ihre Unternehmen Sorgen machen, wie Beschäftigte, die sich um ihre Qualifikationen Sorgen machen.

Drei Arbeitsbereiche sieht Reich sich überall dort herausbilden, wo die Wirtschaft sich weltwirtschaftlicher Dynamik aussetzt:

1) Routinearbeit, ehemals der Schwerpunkt der industriellen Produktion, steht unter dem Zeichen abnehmender Bedeutung und sinkender Löhne. Die gleichförmige, repetitive Arbeit von Arbeitern, Managern und neuerdings Datenverarbeitern ist das Kennzeichen des Zeitalters der Massenproduktion. Wer hier arbeiten will, muß lesen und rechnen können und überdies bereit sein, Anforderungen an Verläßlichkeit, Loyalität und Standhaftigkeit zu genügen.

2) Die persönliche Dienstleistung hat ihre Zukunft erst noch vor sich. Unter der Voraussetzung, daß eine freilich entscheidende Umstellung von der Orientierung an der Person des Dieners zur Orientierung an der Person des Kunden gelingt, die Dienstleistung also nicht im Haushalt, sondern als Firma organisiert wird, kann man eine wachsende Bedeutung dieses Arbeitsbereichs im Gastgewerbe, in der Kranken- und Altenversorgung, im Einzelhandel und Verkauf aller Art erwarten. Auch hier werden zwar die gleichförmigen und repetitiven Tätigkeiten überwiegen. Aber hier ist ein neuer Verhaltenstypus verlangt, nämlich ein gefälliges, hilfreiches, freundliches und animie-

---

50   A.a.O.

rendes Verhalten selbst und gerade dann, wenn die Launen des Kunden und des Dienstleisters auf dem Nullpunkt sind.

3) Der dritte Arbeitsbereich ist derjenige, in dem sich die entscheidenden Tätigkeiten der Problemidentifizierung, der Problembewältigung und des Handels mit Problemen abspielen. Reich spricht von der symbolanalytischen Dienstleistung und faßt darunter vom Filmregisseur und Schauspieler über den Finanzberater und Ingenieur, Werbefachmann und Architekten bis hin zum Schriftsteller und Wissenschaftler so ziemlich alles, was mit der Manipulation von Daten und Symbolen zu tun hat.

Symbolanalysten haben keine Bosse und Untergebenen, sondern Partner in verschiedenen Abhängigkeitsverhältnissen voneinander. Ihre Erziehung und Qualifikation muß nicht abstellen auf das Finden bekannter Lösungen zu bekannten Problemen, sondern unbekannter Probleme zu möglichen Lösungen. Ihre Arbeit ermöglicht Organisationsformen und Lebensstile, die fast alle Gewohnheiten sprengen werden, mit denen wir uns gern oder ungern abgefunden haben, von der Art und Weise, wie wir unsere Aufgaben und Vorstellungen miteinander abstimmen, bis hin zu der Art und Weise, wie wir unseren Feierabend gestalten – von den Ansprüchen, die wir an unsere Intelligenz stellen werden, zu schweigen.

Was fügt sich diesen drei Kategorien nicht? Reich nennt Bauern und Bergleute, Angestellte des öffentlichen Dienstes einschließlich Lehrer, Beschäftigte staatlich regulierter Industrien und Beschäftigte regierungsfinanzierter Industrien zum Beispiel im Verteidigungsbereich. Das ist keine unbedeutende Restkategorie, denn hier halten sich die tradierten Formen der Arbeitsorganisation am hartnäckigsten und ist man am überzeugtesten davon, daß sich das auch lohnt.

Organisationen als Mülleimer

Man weiß es seit langem, aber es spricht sich nur zögernd, wie hinter vorgehaltener Hand herum: Organisationen, auch Unternehmensorganisationen haben nur selten etwas mit Rationalität zu tun. Genauer: Organisationen sind nicht die Verkörperung von Rationalität, wie es Organisationstheorien und Betriebswirtschaftslehre in weiten Teilen noch immer annehmen. Sondern sie benutzen Rationalität, um hinterher etwas als richtig darstellen zu können, wovon man vorher nicht wissen konnte, ob es richtig sein würde. Und noch genauer: Rationalität ist die Zumutung, die Organisationen an sich selbst herantragen, um hinterher etwas als richtig oder falsch bezeichnen zu können, was vorher weder falsch noch richtig, sondern einfach nur riskant ist.

Nichts spricht dafür, daß der Rationalität die Bedeutung zukommt, die ihr in klassischen Bürokratiemodellen beigemessen wurde. Weder gibt es Ziele und Zwecke vor aller Organisation, so daß sich die Organisation schlicht als rationales Mittel zum Zweck begreifen könnte. Noch dürfen wir annehmen, daß alles, was eine Organisation tut, zumindest in seinen wichtigsten Bestandteilen konsistent ist, daß die Organisation also rational mit sich selbst übereinstimmt. Und erst recht nicht können wir annehmen, daß das, was uns als rational richtig überzeugt, uns eher zum Handeln bringt als etwa Intuitionen oder Traditionen.[51]

Kaum jemand hat sich in seiner Arbeit unermüdlicher mit dem Irrglauben an die Rationalität auseinandergesetzt als James G. March. Gegen die Überschätzung der Rationalität setzt er

---

[51] Nils Brunsson, The Irrational Organization: Irrationality as a Basis for Organizational Change and Action, Chichester: Wiley, 1985.

ein Plädoyer für eine "Technologie der Torheit". Er warnt davor, angesichts ungewisser Ziele, unklarer Mittel und beschränkter Reichweite menschlicher und sozialer Vernunft Fähigkeiten zu unterschätzen, die in der Imitation, im Spiel, aber auch im Zwang liegen.

Nur wenige Ideen haben die Organisationslehre in den letzten zwei Jahrzehnten so stark beeindruckt wie die Idee von March, Michael D. Cohen und Johan P. Olsen, die Organisation nicht als Ordnung, sondern als Anarchie zu beschreiben. Sie sprechen von der Organisation als "garbage can".[52] Eine Organisation als Mülleimer, das soll heißen: entscheidend ist nicht, was man herausholt, sondern was man hineinsteckt – in der immer trügerischen Hoffnung, es nie wieder zu sehen. Organisationen sind Ansammlungen von Lösungen, die nach Problemen suchen, ein Durcheinander von Themen und Gefühlen, die nach Entscheidungssituationen suchen, in denen sie Ausdruck finden können, und ein mehr oder weniger strukturierter Haufen von Entscheidungsträgern, die nach Arbeit, Einfluß und Selbstverwirklichung suchen.

Die Pointe dieser Beschreibung liegt nicht in einer Kritik der Organisation, sondern darin, zu zeigen, daß es trotzdem und nur deswegen geht. Das Rationalitätsmodell stellt Anforderungen an Aufmerksamkeit, Beobachtung und Wissen, die gar nicht erfüllt werden können. Rationalität ist weder das Fundament aller Organisation noch ein Resultat von Organisation. Statt dessen handelt es sich um eine problematische Beobachtungsformel, die systematisch unterbelichtet, daß Organisation

---

52   "A Garbage Can Model of Organizational Choice", in: Administrative Science Quarterly 17 (1972), S. 1-25; dt. Übersetzung in: James G. March, Entscheidung und Organisation: Kritische und konstruktive Beiträge, Entwicklungen und Perspektiven. Aus dem Englischen von Karl-Heinz Gschrey, Wiesbaden: Gabler, 1990.

ohne Ambivalenz handlungsunfähig und ohne Irrationalität motivationsunfähig wäre.

Die Chance des neuen Kollegen

Man ist es gewohnt, neue Kollegen im Betrieb oder Vorstand zunächst einmal als Problem zu betrachten. Wie kann man sie mit den Verhältnissen vertraut machen? Werden sie herausfinden, welche Regeln zu befolgen sind? Werden sie sich in die Unternehmensabläufe, die Entscheidungsprozesse, die Hierarchien hineinfinden? Welche Koalitionen werden sie eingehen, auf wessen Seite werden sie stehen? Werden sie genau die Kompetenz mitbringen, die man braucht? Oder bringen sie Kompetenzen mit, die man nicht braucht, weil man sie schon hat oder noch nie vermißte, die sie aber trotzdem an den Mann zu bringen versuchen werden? Werden sie anderen ins Handwerk pfuschen? Werden sie Dinge als möglich behaupten, von deren Unmöglichkeit alle anderen fest überzeugt sind?

Den oder die Neue anzupassen an den Betrieb, aus ihm oder ihr das herauszuholen, was man braucht, und alles andere unschädlich machen oder ins Leere laufen lassen: Das ist dann meist der Ablauf der Dinge. Und Anpassung das Gesetz. Schließlich ist man selbst ja auch wer und nicht von ungefähr dort, wo man ist.

Man kann die Dinge aber versuchsweise auch einmal andersherum sehen. Man kann einen neuen Kollegen als unwiederbringliche Chance sehen, etwas über den eigenen Betrieb zu lernen, was man anders nicht lernen kann. Alle anderen haben sich ja schon längst an das meiste gewöhnt, wenn auch nicht unbedingt abgefunden, haben ihre Änderungswünsche und -vorstellungen längst angepaßt an das, was alle anderen für möglich halten. Warum also versucht man nicht, den Betrieb einmal mit den Augen des neuen Kollegen zu sehen? Warum nimmt man die Chance nicht wahr, sich darüber zu wundern, worüber er oder sie sich wundert? Warum nimmt man die Schwierigkeiten, die der neue Kollege mit bestimmten Entscheidungsabläufen, mit Zielvorstellungen, mit lieb gewordenen Gewohnheiten, mit hierarchischen Mustern, mit Kompetenzverteilungen, mit Routinen, Ritualen und Plänen hat, nicht als Hinweis auf möglicherweise tatsächlich vorhandene Schwierigkeiten? Warum wertet man sofort ab und sagt: Der oder die kann es ja noch gar nicht wissen?

Sicher, man weiß nicht, worauf man sich einläßt, wenn man ernst nimmt, worauf der neue Kollege reagiert. Im Zweifel geht es dem neuen Kollegen ja nur um den Aufbau und Ausbau einer eigenen Position, um die Verfolgung eigener Ziele, die kaum jemand abzuschätzen oder nur allzu gut abzuschätzen vermag. Da nimmt man sich lieber einen externen Berater, wenn man meint, es gäbe blinde Flecken im Betrieb, die daran hindern, ein Problem wahrzunehmen und zu lösen. Einen Berater kann man jederzeit wieder aus seinem Vertrag entlassen. Ihm geht es nicht um Positionen innerhalb des Betriebs. Er ist eine Spielfigur, die besser kontrolliert werden kann.

Und dennoch: Es laufen so viele subtile Prozesse der Einführung, Terrainsondierung und Arealabsteckung ab,[53] wenn

---

53   Siehe Vernon D. Miller und Fredric M. Jablin, "Information Seeking During Organizational Entry: Influences, Tactics, and a Model of the Process", in: Academy of Management Review 16 (1991), S. 92-120. Siehe auch Niklas Luhmann, "Der neue Chef", in: Verwaltungsarchiv 53 (1962), S. 11-24.

der oder die Neue sich im Betrieb einlebt,[54] daß es nur etwas zusätzliche Aufmerksamkeit und Wachsamkeit erfordert, die Reibungen, die notwendigerweise entstehen, nicht sofort als Hinweis auf Personen, sondern als Hinweis auf Sachen zu nehmen.

Jeder beobachtet jeden, wenn ein neuer Kollege die gewohnten Muster durcheinanderzubringen droht. Es werden Fragen gestellt und Antworten vermieden. Es wird abgelenkt, inszeniert, behauptet und ausgewichen. Es wird Staub aufgewirbelt. Man entdeckt Leichen im Keller, die mühsam wieder vergraben werden müssen. Und ist der neue Kollege erst einmal bereit, die Leiche eigenhändig wieder mitzuvergraben, ist die Chance meist vertan, etwas anders zu machen als bisher.

Oder ist es eine Zumutung an den neuen Kollegen, sich ausgerechnet dann die Beobachtung blinder Flecken vornehmen zu sollen, wenn er nichts anderes im Sinn hat als sich in eine neue Gemeinschaft einzufinden? Brauchen wir eine Unternehmenskultur, in der man sich seinen guten Ruf als Störenfried und Spielverderber erwirbt?

Unternehmen als Spiele

Stellen Sie sich vor, Sie nehmen an einem ungewöhnlichen Fußballspiel teil oder Sie schauen ihm zu: das Spielfeld ist rund; mehrere Tore sind zufällig über das runde Feld verteilt; die Spieler können das Spiel betreten oder verlassen, wann

---

[54] – aber auch dann, wenn langjährige Mitglieder pensioniert werden, vgl. James B. Shaw und Lisa L. Grubbs, "The Process of retiring: Organizational Entry in Reverse", in: Academy of Management Review 6 (1981), S. 41-47.

immer sie wollen; sie können Bälle aufs Feld werfen, wann immer sie wollen; sie können sagen "Das ist mein Tor", wann immer sie wollen, so oft sie wollen und zu jedem beliebigen Tor; das ganze Feld hat Hanglage; und das Spiel wird gespielt, als hätte es einen Sinn.

Erinnert Sie das an etwas? An den Laden Ihres Konkurrenten – oder gar an den eigenen?

Aber im Ernst. Diese alptraumartige Situation schildert der Organisationspsychologe Karl E. Weick und bezieht sich damit auf eine mündliche Mitteilung des anderen Großen der amerikanischen Managementwissenschaft, James G. March.[55] Dieses Bild der Organisation dürfte den bisherigen Höhepunkt der Organisationstheorie bezeichnen.

Seither bewegt sich theoretisch eigentlich kaum noch etwas. Eher hat man den Eindruck, daß sich Organisations-, Unternehmens- und Managementforscher die Beschreibung so sehr zu Herzen genommen haben, daß sie ihrerseits ihre Wissenschaft als ein solches Fußballspiel betrachten und alle ihre eigenen Bälle über das Feld kicken. Aber das ist natürlich übertrieben.

Die Idee des Spieles sollte man nicht vorschnell abtun. Hierzulande untersucht Günther Ortmann mit einem größeren Mitarbeiterkreis seit Jahren Unternehmensorganisationen als Spiele. Nach einer programmatischen Aufsatzsammlung erschien eine Studie, in der Ortmann und Mitarbeiter eine breitangelegte Untersuchung des gegenwärtig spannenden Themas Einführung von Computer-Systemen zum Anlaß nehmen, ein

---

55   "Educational Organizations as Loosely Coupled Systems",
     in: Adminstrative Science Quarterly 21 (1976), S. 1-19.

Unternehmensverständnis zu erarbeiten, das Platz für das Phänomen sowohl der Macht wie des Konsenses hat.[56]

Sie untersuchen Auseinandersetzungen in Unternehmen als Spiele, in denen um Macht gekämpft wird, in denen aber auch Verwandlungen und Rollenwechsel gewagt werden, ja in denen sogar Begeisterung, Euphorie und Ekstase möglich werden – fast wie im Leben, wie sie anmerken. Und sie weisen darauf hin, daß immer eine ganze Portion Wirklichkeitsflucht zu jeder Wirklichkeit dazugehört.

Ihre Untersuchungen bestätigen, daß der Prozeß der Einführung von Computersystemen in den Unternehmen wenig mit rationalen Entscheidungen zu tun hat, sei es, weil dazu die nötigen Informationen über hardware, software und Auswirkungen des Computereinsatzes gar nicht bereitstehen, sei es, weil in den Unternehmen Vorstände, Fachabteilungen, Betriebsräte alle ihre eigenen, zuweilen höchst idiosynkratischen Gründe haben, die Einführung von Computern zu betreiben oder zu behindern.

Daß hier eine abwägende Suche nach Lösungen für bestimmte Probleme abläuft, kann man schon deswegen nicht behaupten, weil die Probleme oft gar nicht bekannt, ja vielleicht nicht einmal existent sind. Der Manager ist daher angemessener als Bastler im Sinne von Claude Lévi-Strauss zu beschreiben,[57] der die gesamte Organisation (mehr oder weniger) als Bastelset betrachtet, das mithilfe neuer Technologien re-

---

56   Willi Küpper und Günther Ortmann, Hrsg., Mikropolitik: Rationalität, Macht und Spiele in Organisationen, Opladen: Westdeutscher Verl., 1988; Günther Ortmann, Arnold Windeler, Albrecht Becker und Hans-Joachim Schulz, Computer und Macht in Organisationen: Mikropolitische Analysen, Opladen: Westdeutscher Verl., 1990.

57   Siehe: Das wilde Denken, 3. Aufl., Frankfurt am Main: Suhrkamp, 1979, S. 29 ff.

strukturiert werden kann. Er läßt sich von "herumliegenden" Gelegenheiten inspirieren, sowohl auf dem Gebiet der Technologien wie auf dem Gebiet der Personalplanung, um hier wie dort die Chancen wahrzunehmen, die ihm günstig scheinen, die ihn reizen, die seine Position festigen, die neue Koalitionen ermöglichen oder was auch immer.

Mittlerweile müßten sich Unternehmer und Theoretiker eigentlich blendend verstehen. Oder spielen sie unterschiedliche Spiele?

Seid Bienen wie die Fliegen!

Gefragt, ob er sein Unternehmen eher mit einem Bienenschwarm oder mit einem Fliegenschwarm vergleichen würde, würde wohl jeder Manager den Bienenschwarm vorziehen. Immerhin kann man einem Bienenschwarm effiziente Kommunikation (der "Tanz der Bienen") und zielorientiertes Verhalten unterstellen. Und sie sind fleißig, sprichwörtlich wie die Bienen. Einen Bienenschwarm zu beobachten versöhnt einen mit der Unordnung der Welt. Fliegen dagegen sind mal hier und mal dort. Man will lieber nicht wissen, wo sie herkommen und schon gar nicht, wo sie hinfliegen. Der Fliegenschwarm, wenn sie denn schwarmweise auftreten, wird nicht durch Kommunikation und Ziele koordiniert, sondern nur durch das Ausmaß des Gestankes, den der Misthaufen von sich gibt. Der Fliegenschwarm wird von außen koordiniert, der Bienenschwarm von innen. Ganz klar, daß das eigene Unternehmen eher einem Bienenschwarm gleichen sollte.

Aber machen Sie einmal folgendes Experiment. Nehmen sie zwei leere Flaschen, fangen Sie in der einen einige Bienen und in der anderen einige Fliegen. Legen Sie die Flaschen horizontal auf einen Tisch, mit der nicht verschlossenen Öffnung vom Fenster abgewendet. Und nun beobachten Sie die Fliegen und die Bienen. Die Bienen werden mit größter Sorgfalt und größtem Eifer jeden Millimeter des dem Licht zugewandten Flaschenbodens nach einer Öffnung absuchen, um ins Freie zu gelangen, und dies solange tun, bis sie an Entkräftung und Hunger gestorben sind. Die Fliegen werden aufgeregt in der Flasche hin und her schwirren, ohne Sinn und Verstand, bis sie, eine nach der anderen und jede einzelne zufällig, die Öffnung gefunden haben und auf und davon fliegen. Die Bienen sterben, die Fliegen überleben.

Es ist ein langer Weg von der Bienenfabel Mandevilles bis zu diesem Experiment. Aber auch wenn die Helden wechseln, die Moral bleibt dieselbe: Es sind oft die Laster, die sich bei näherem Zusehen vielleicht nicht gerade als Tugenden, aber doch als sehr hilfreich und dem Wohlstande förderlich erweisen. Die Fliegen überleben, weil sie auf Koordination und Effizienz verzichten und dem Zufall eine Chance geben. Die Bienen folgen nur ihrem Programm, sie können ihre eigenen Umstände und Zustände nicht variieren.

Genau darauf, auf eine Kombination von Programmeffizienz und Programmvariation, versucht die Organisationstheorie zu setzen. Den Unternehmen, die so unbeirrbar nach dem Licht streben, daß sie ihre eigene Marktnische übersehen, gibt sie den Rat: Lernt. Aber was kann das heißen? Wie können Unternehmen lernen, wenn sich ihre Marktumwelten heute so schnell ändern, daß kaum eine Erfahrung in der Vergangenheit brauchbar ist für die Zukunft.[58] Und wie erklärt man den Er-

---

58 James G. March, Lee S. Sproull und Michael Tamuz, "Learning from Samples of One or Fewer", in: Organization Science 2 (1991), S. 1-13.

folg von jungen Unternehmen, die noch gar keine Erfahrungen gemacht haben, aus denen sie lernen könnten?

Die Antwort ist: Neugier. Seid Bienen wie die Fliegen. Zum Beispiel kann man nicht nur aus den Ergebnissen einer Entscheidung lernen, muß also auch nicht so lange untätig warten, bis diese vorliegen. Zumal es dann häufig zu spät ist oder man schon wieder ganz andere Sorgen hat. Man kann auch aus den Erwartungen lernen, die man mit einer Entscheidung hegte. Man kann weiter auf diese Erwartung setzen oder man kann sie variieren. Man kann aus den Umständen einer Entscheidung lernen und künftig mehr oder weniger Leute fragen, bevor man sich bindet, mehr oder weniger Marktforschung treiben, bevor man sich für ein Produkt entscheidet, mehr oder weniger Tests laufen lassen, bevor man eine Technologie einkauft.

Sobald eine Entscheidung gefallen ist, liegen mit Sicherheit eine Menge von Erfahrungen schon vor, die man sich ansehen kann, um sich zu fragen, was man anders machen könnte, falls sich herausstellt, daß die Entscheidung nicht die gewünschten Ergebnisse brachte. Man braucht die Leute nur zu fragen, die an der Entscheidung wie auch immer beteiligt waren. Man muß Alternativen bereithalten können. Man muß die einzige Chance ausnutzen, die man hat: Daß andere mit anderen Perspektiven anders und anderes beobachtet haben, während ein Manager seine Entscheidung traf. Der Manager, der darauf zählt, daß alle anderen wie die Bienen arbeiten, wenn er weiß, wo es lang geht, ist schlecht beraten. Er sollte vielmehr darauf zählen, daß seine Mitarbeiter wie die Fliegen herumschwirren. Nur dann hat er eine Chance, Zufälle auszubeuten. Vorausgesetzt, er behält den Fliegenschwarm im Auge.

Kommunikation ist kein Schlagwort

Kommunikation ist kein Schlagwort. Auch in der Wirtschaft nicht. Aber was genau ist dann mit Kommunikation gemeint? Offensichtlich all das, was man entdecken mußte, seit man entdeckt hat, daß es in der Wirtschaft mit der Produktion knapper Güter für die Befriedigung grenzenloser Bedürfnisse nicht getan ist. Offensichtlich ferner all das, was man entdecken mußte, seit man entdeckt hat, daß Wirtschaften nicht auf die Kontrolle von Budgets und Kosten beschränkt ist, sondern noch anderes meint.

"Kommunikation" ist ein Titel für all die Entdeckungen, die man machen mußte, als man entdeckt hatte, daß auch Bedürfnisse knapp sind. Es sind in unseren prosperierenden Marktwirtschaften nicht die Kunden, die nach Waren suchen. Das könnte man gleichsam rein sachlich abwickeln. Sondern es sind die Waren, die nach Kunden suchen. Und das bedeutet: Die Waren müssen die Sprache der Kunden sprechen. Sie müssen kommunizieren. Sie müssen als Kommunikation lesbar sein, müssen ein Wörtchen mitreden in der Selbstdarstellung des Kunden in seiner gesellschaftlichen Umwelt.

"Kommunikation" ist aber auch der Titel für all die Entdeckungen, die man machen mußte, nachdem man entdeckt hatte, daß man die betriebswirtschaftliche Annahme, die Organisation könne perfekt funktionieren und folglich als Quelle eigener Probleme ausgeschaltet werden, nicht länger aufrechterhalten kann. Erich Gutenberg hatte seinerzeit auf diese Prämisse die Entfaltung des "Rationalprinzips" der betriebswirtschaftlichen Unternehmenstheorie begründet.[59] Die Organisation des Unternehmens wurde zu einem Produkt der Umsetzung theoretischer

---

[59] Die Unternehmung als Gegenstand betriebswirtschaftlicher Theorie, Berlin: Spaeth & Linde, 1929.

Erkenntnisse über Erfolgsrechnungen und Kostengestaltung. Alles andere, von der arbeitsteiligen Ablauforganisation bis zur Kapitalaufnahme, hatte sich aus den betriebswirtschaftlichen Gleichgewichtsbedingungen der Preisfindung zu ergeben.

Heute stellt man fest, daß die Organisation über Kosten- und Preisstrukturen allein nicht zu gestalten, ja nicht einmal zu steuern ist.[60] "Controlling" heißt die Rückzugsposition.[61] Viel zu viel, von der Personalauswahl über Fragen der Organisationsgestaltung bis zum Einsatz von Technologien muß entschieden werden, bevor die Frage nach Kosten und Preisen auch nur aufgeworfen werden kann. Noch ist vollkommen unklar, welchen Aufschub man von Preis- und Kostenfragen verlangen muß, um die "Vorfragen" klären zu können. Nur allzu klar ist aber, daß diese Frage des Aufschubs im Unternehmen von den Mitarbeitern des Unternehmens zu klären ist. Und das geht nur über Kommunikation. Das geht nur, indem allen Beteiligten (und wer will daran nicht beteiligt sein?) Konsens- und Dissenschancen eingeräumt werden.

---

60 Siehe zu einer entsprechenden Kritik an der (amerikanischen) Buchführungspraxis H. Thomas Johnson und Robert S. Kaplan, Relevance Lost: The Rise and Fall of Management Accounting, Boston: Harper & Row, 1987. Bei uns findet seit den großen Beiträgen von Werner Sombart, Eugen Schmalenbach und Ernst Kosiol kaum noch eine Debatte über die Unternehmensleistungen der Buchführung statt. Siehe jedoch Dieter Schneider, Theorien zur Entwicklung des Rechnungswesens, in: Zeitschrift für betriebswirtschaftliche Forschung 44 (1992), S. 3-31.

61 Siehe dazu Helmut Willke, "Controlling als Kontextsteuerung: Zum Problem dezentralen Entscheidens in vernetzten Organisationen", in: Rolf Eschenbach, Hrsg., Supercontrolling: Vernetzt denken, zielgerichtet entscheiden, Wien: Service, 1989, S. 63-93.

Das Unternehmen kann sich nicht mehr darauf verlassen, daß die Mitarbeiter sich ihre Arbeitsplätze suchen und mit allem einverstanden sind, was ihnen abverlangt wird. Längst ist deutlich geworden, daß sich das Unternehmen in allen Belangen von Bedeutung (und was ist nicht von Bedeutung?) die Mitarbeiter erst suchen und ausbilden muß. Es genügt nicht mehr, daß die Arbeiter die Sprache der Arbeitswelt lernen. Es ist unabdinglich, daß das Unternehmen die Sprache der Arbeiter spricht.

Man entdeckt, daß der Arbeitsplatz selbst eine Art Kommunikationsstruktur ist. Jeder Arbeitsplatz kommuniziert, ob produktive oder destruktive Arbeit, ob ökologisch neutrale, schädliche oder ausbessernde Arbeit getan wird. Jeder Arbeitsplatz kommuniziert, welche Autonomiechancen, welche Verantwortlichkeiten, welche Entscheidungsmöglichkeiten, welche Karrierechancen mit ihm einhergehen. Jeder Arbeitsplatz kommuniziert, ob sein Umfeld städtische Qualitäten, ländliche Idylle, regionale Bedeutungslosigkeit oder kulturelle Anregungen zu bieten hat. Wer in dieser Sprache nicht mitreden kann, muß auf die besten Mitarbeiter verzichten.

Jenseits von Kosten und Nutzen

Kommunikation ist kein Schlagwort. Sondern ein Gesichtspunkt, der sich auch dazu eignet, die utilitaristische Kosten/Nutzen-Erwägungen zu ergänzen, mit denen wir üblicherweise an Produktions- und Konsumentscheidungen herangehen. Sicher, auch wenn wir kalkulieren, welche Kosten und Nutzen mit einer bestimmten Investition, mit einer bestimmten Technologie oder was auch immer einhergehen, wird kommuniziert. Es wird die Frage kommuniziert, ob man sich auf die Investition oder die Technologie einläßt oder nicht. Und es wird die Frage mitkommuniziert, daß man sich auf die Investition oder Technologie nur unter ganz bestimmten Kriterien einlassen will. Und zwar unter Kriterien, von denen man aus der Kommunikation weiß, daß sie als Abschlußkriterien dienen, die es erlauben, Entscheidungen zu treffen, die als falsch oder richtig beurteilt werden können. Wer über Kosten und Nutzen nachdenkt, denkt darüber nach, ob er seine Entscheidungen anderen gegenüber als richtig darstellen kann. Und zwar auch dann als richtig darstellen kann, wenn sich anschließend herausstellt, daß sie falsch war. Dann kann man immer noch sagen (sagen!), daß zu dem Zeitpunkt, als sie getroffen wurde, bestimmte Kosten- und Nutzenerwägungen voll und ganz für die Entscheidung sprachen.

Auch Kosten- und Nutzenerwägungen sind Kommunikationen. Wir übersehen das nur deswegen sehr häufig, weil wir unwillkürlich noch in den Kategorien des abenteuernden Händlers und einsam entscheidenden Unternehmers denken, diesen Helden unseres ökonomischen Denkens, deren Existenz von Entscheidungen abhing, zu denen sie kein Mensch zur Rechenschaft zog. Bei den meisten von uns ist das heute ganz anders. Wir treffen kaum noch Entscheidungen, von denen unsere Existenz abhängt. Aber wir treffen zahllose Entscheidungen, die wir gerade deswegen so und nicht anders treffen, weil wir damit rechnen müssen, zur Rechenschaft gezogen zu werden. Wir sind keine abenteuernden Händler und keine einsam entscheidenden Unternehmer. Wir sind fast alle Angestellte. Angestellte in kleinen und großen Organisationen, die unter den "Gesetzen" der Kommunikation leben, wie sie sich in Organisationen eingespielt haben. Und das erste Gesétz lautet: Da so viele Vorgesetzte, Untergebene und Kollegen auch von deiner Entscheidung abhängen, sorge dafür, daß du sie jederzeit rechtfertigen kannst. Und jeder, der sich in Organisationen auskennt, weiß, daß jede Organisation ihre eigenen Standards hat, was man womit rechtfertigen kann. Es gibt Stichwörter, Lieblingsprojekte, allseits geheiligte Maßzahlen und Mittelmäßigkeitspräferenzen, die fast jede Entscheidung zu rechtfertigen erlauben.

Max Weber hat die These aufgestellt, die protestantische Ethik sei mit dafür verantwortlich, daß es im Abendland zur Entstehung und Entwicklung des Kapitalismus kam.[62] Er dachte dabei hauptsächlich an die Fähigkeit zu einem sparsamen, vor Gott zu rechtfertigenden Lebenswandel, der erst die Möglichkeit schuf, Kapital zu sammeln, das man investieren konnte, und geduldig und diszipliniert auf die Früchte der Arbeit zu warten.

Der entscheidende Dreh der protestantischen Ethik war es jedoch, das sie uns rechtzeitig beigebracht hat, uns nicht nur vor Gott, sondern vor uns selbst zu rechtfertigen. Bei den Katholiken war nach der Beichte alles vergessen und vergeben. Der Protestant wußte sich laufend beobachtet und zur Rechenschaft gezogen - und dies nicht von Gott, sondern von sich selbst und, stellvertretend, von seinen lieben Mitmenschen. Das bringt einen Beigeschmack in jede Kommunikation, gegen den noch kein Kraut gewachsen zu sein scheint. Aber welcher Gott fragte je nach Kosten und Nutzen?

---

[62]   Die protestantische Ethik I: Eine Aufsatzsammlung. Hrsg. von Johannes Winckelmann, 4. Aufl., Hamburg: Siebenstern, 1975.

Das Gesetz der Abstimmung

Kommunikation ist kein Schlagwort. Sondern ein Gesichtspunkt. Aber wir haben Schwierigkeiten, uns mit diesem Gesichtspunkt vertraut zu machen. Warum eigentlich?

Manchmal hilft es weiter, in epochalen Unterschieden zu denken, so verkehrt die bei genauerem Zusehen auch sind. Es gibt zwischen dem 19. und dem 20. Jahrhundert so etwas wie einen Emphasewechsel, der nicht nur für die Wissenschaften, sondern auch für Industrie und Management von größter Bedeutung ist: Man denkt nicht mehr primär in den Kategorien der Energie, sondern primär in den Kategorien der Information.

Was das heißt, kann man sich sofort klarmachen, wenn man daran denkt, daß die Leistung des 19. Jahrhunderts in der industriellen Revolution bestand. Es ging um die Ausschöpfung von Produktionsmöglichkeiten, die durch die Nutzung neuer Energiequellen, die Schaffung von Massenmärkten, den steigenden Bedarf der Industrie selbst an industriellen Produkten und, quasi nebenbei, durch neuartige Techniken der Organisation von Arbeit geschaffen worden waren. Das Gesetz der industriellen Revolution hieß, grob vereinfacht: Durchsetzung von Produktionsmöglichkeiten im Wettbewerb, im Kampf der Starken mit den Schwachen.

Entsprechend diesem Gesetz schien es im 19. Jahrhundert und bis weit in das 20. Jahrhundert hinein auch nur zwei Möglichkeiten der politischen Ordnung der Gesellschaft zu geben: die rationalere Organisation der Produktion in entweder privatkapitalistischen oder planwirtschaftlichen Großkartellen und Konzernen einerseits oder der Wettbewerb zur Förderung kleinformatiger, freiheitstauglicher und demokratiekompatibler privater Betriebe andererseits. Organisation oder Markt, heißt die bis heute sprichwörtliche Alternative.

Die Leistung des 20. Jahrhunderts dagegen besteht darin, diese Alternative von Markt versus Organisation nicht mehr als sich ausschließenden Gegensatz, sondern als notwendige Komplementarität zu begreifen. Um wechselseitige Ergänzung ging es natürlich immer schon. Aber heute ist allen klar geworden, daß das industrielle Gesetz nicht mehr in der Ausbeutung von Energien zur Schaffung von Produktionsmöglichkeiten bestehen kann – so sehr Nachzügler in der industriellen Entwicklung noch lange nur darauf werden setzen können.

Heute geht es um weniger heroische Tugenden. Es geht nicht mehr primär um Planung und Konkurrenz, sondern um Abstimmungen. Es geht darum, das eine mit dem anderen abzustimmen: die Produktionspalette mit den Moden des Konsums, die Organisation der Arbeit mit den Lebensvorstellungen der Arbeitenden, den Kapitalbedarf der Unternehmen mit den Besteuerungswünschen der Regierungen, die technischen Möglichkeiten der Lieferanten mit dem Qualitätsbedarf der Abnehmer, den Kreditbedarf der Investeure mit der Einsichtsfähigkeit der Banken, die Produktion und den Konsum mit ihren Abfällen und so weiter und so fort.

Wir haben kein griffiges Wort, um dem Gesetz der Produktion ein neues gegenüberstellen zu können. Man müßte vom Gesetz der selektiven Abstimmung sprechen: von der Kunst, mit Informationen so umgehen zu können, daß Komplementaritäten zwischen verschiedenen Unternehmen, zwischen Arbeit und Technik, Kapital und Investition, Steuern und Subventionen ausgenutzt werden können. Und dies möglichst so, daß auch die Umwelt der Industrie davon etwas hat.

Industrielle Entwicklung ist nicht mehr primär vom Zugriff auf Energien, Ressourcen, Techniken des Wettbewerbsausschlusses abhängig, sondern von der Wahrnehmung marginaler Gelegenheiten, von intelligenten Problemlösungen, Techniken der Kommunikation. Wir haben neue Geschicklichkeiten gewonnen, die wir allmählich nicht mehr nur für die Fortsetzung der industriellen Revolution, sondern auch dafür einsetzen können, mit ihren Folgen fertig zu werden.

Die Kommunikation hilft sich selbst

Kommunikation ist kein Schlagwort. Schön und gut. Aber was ist Kommunikation? Stellen wir diese Frage Kommunikationstheoretikern, erhalten wir bemerkenswerte Antworten. Bei Paul Watzlawick heißt es: Man kann nicht nicht kommunizieren.[63] Und bei Niklas Luhmann heißt es: Nicht die Menschen kommunizieren, sondern die Kommunikation kommuniziert.[64] Die zweite Antwort erklärt die erste.

Um dies zu verstehen, müssen wir allerdings noch einen weiteren Theoretiker hinzunehmen: Michel Serres. Mit ihm können wir sagen: Die Kommunikation ist ein Parasit.[65] Denn sie unterstellt sich selbst, unbekümmert darum, was sich die beteiligten Menschen in ihren Köpfen gerade denken mögen, was sie vorhaben, was sie sich wünschen, was sie vermeiden wollen. Die Kommunikation ist von emergenter Qualität, wie man so schön sagt. Sie ist da. Und niemand hat es so gewollt. Aber alle sind plötzlich mit dabei.

---

63   Siehe Paul Watzlawick und Janet H. Beavin und Don D. Jackson, Menschliche Kommunikation: Formen, Störungen, Paradoxien, 4. unveränd. Aufl., Bern: Huber, 1971.

64   Siehe: Soziale Systeme: Grundriß einer allgemeinen Theorie, Frankfurt am Main: Suhrkamp, 1984, inbes. Kap. 4.

65   Der Parasit. Aus dem Französischen von Michael Bischoff, Frankfurt am Main: Suhrkamp, 1981.

Interessant, aber ziemlich abstrakt? Wozu sollte ein Manager dies wissen müssen, ist man versucht zu fragen? Dem Verstehen von wirtschaftlichen Zusammenhängen scheinen solche Überlegungen kaum förderlich.

Genau das ist der Punkt. Wir haben uns allerorten angewöhnt, der sich selbst unterstellenden Kommunikation bereitwillig entgegenzukommen; auf der Vorstandssitzung nur zur Sprache zu bringen, was dort gesagt werden "darf", ohne Vorstandsmitglieder zu überfordern und die eigene Stellung zu riskieren; in Tarifverhandlungen nur die Punkte anzubringen, die von den eigenen Anhängern goutiert und honoriert werden; und den Lebensgefährten abends nur die Sätze zuzumuten, die von der gemeinsamen Lebensperspektive toleriert werden.

Wir verlassen uns darauf, daß die Kommunikation sich selbst hilft, und lassen uns im entscheidenden Moment nur treiben. Wir beuten das Irritationspotential nicht genügend aus, das wir als Menschen haben, die es ja schließlich nicht nur mit Kommunikation, sondern auch mit Bewußtsein, Wahrnehmung, Körperlichkeit zu tun haben.

Die Form der Kommunikation ist die Unterstellung. Und die Unterstellung funktioniert so, daß Bestimmtes ermöglicht und alles andere ausgeschlossen wird. Das ist nicht zu beklagen. Im Gegenteil. Aber es ist zu benennen. Jede Form der Kommunikation funktioniert so. Zum Beispiel:

– Die Wirtschaft ist die Unterstellung, daß alles einen Preis hat, den man herunterhandeln und bezahlen kann. In Frage steht allenfalls, wie man ihn finanzieren kann.

– Eine Unternehmensorganisation ist die Unterstellung, daß man nur Entscheidungen braucht, um jedes beliebige Problem lösen zu können. In Frage steht allenfalls, wie lange man warten muß, bis man die Informationen und Allianzen zusammen hat, die es einem erlauben, die Entscheidung als eine richtige zu behaupten.

– Eine Mode ist die Unterstellung, daß Produzenten und Konsumenten keine anderen Kriterien haben, Kauf und Verkauf aufeinander abzustimmen. Zur Not überspringt man eine Mode.

– Eine Bürokratie ist die Unterstellung, letztlich finde sich alles, was von Belang ist, in den Akten. In Frage steht allenfalls, ob man, wenn neue Fragen auftauchen, gleich eine neue Behörde gründet oder es bei einer neuen Verordnung bewenden läßt.

– Sogar die Managementphilosophie ist eine Unterstellung: daß Unternehmen es tatsächlich nötig haben, ihre bisherige Praxis auf das hin abzuklopfen, was diese Praxis ausgeschlossen hat. Zur Not stellt man einen Unternehmensberater an.

All dies sind Selbstunterstellungen der Kommunikation, auf die wir uns bereitwillig eingelassen haben. Das Geschäft läuft. Wozu also Kommunikationstheorie? Um zu wissen, daß wir es nicht vermeiden können zu kommunizieren. Um zu wissen, daß jede Kommunikation anderes ausschließt. Und um zu wissen, daß das Ausgeschlossene Mittel und Wege finden wird, am Geschäft zu partizipieren. Denn dazu braucht es nur: Kommunikation. Die Kommunikationstheorie bietet für die Unterstellungen keine Erklärung, sondern sie beschreibt ihre Form.

Komplexität als Problem

Es ist wieder hoffähig geworden, von Komplexität zu sprechen. Was nicht unbedingt heißen muß, daß man jetzt weiß, was darunter zu verstehen ist. Das Konzept einer namhaften Unternehmensberatungsfirma, das auf Komplexitätsdiagnose abstellt und darunter die Diagnose einer zu großen Produktvielfalt, zu langer Wertschöpfungsketten und zu starker Zentralisierung versteht, hat seine Pointe, wie Michael Roever,[66] in drei Warnungen: in der Warnung vor der Verzettelung, in der Warnung vor dem Versuch, alle Gewinne durch eine Hand abzuschöpfen, und in der Warnung vor dem Versuch, unter dem Deckmantel einer falschen Hoffnung auf "Synergien" die Akkumulation von Organisationsmacht zu verstecken. Das kann man nur unterstreichen. Aber der Bezug auf den anspruchsvollen Begriff der Komplexität bleibt doch eher vage.

Auch führt es nicht weiter, wenn man für überkomplex hält, was noch komplexer als die Komplexität ist. Was könnte das heißen? Weiter würde es führen, wenn man ein System überkomplex nennt, das sich selbst als komplex beschreiben kann.

Ein ganz anders gearteter Ansatz zur Wiederentdeckung von Komplexität ist der Versuch, sich über die Tiefendimension von Problemen zu verständigen. Jürgen Hauschildt[67] sieht eine der wichtigsten Aufgaben von Entscheidungsverfahren in der Einschätzung dieser Tiefendimension, denn Entscheidungen dürfen im Hinblick auf die Komplexität des Problems nicht zu einfach sein, gleichzeitig jedoch im Hinblick auf die Treffbarkeit und Durchsetzbarkeit der Entscheidung auch nicht zu komplex.

Drittens jedoch stellt sich mehr und mehr heraus, daß jeder neue Versuch, Vereinfachungen, Verknappungen, Verkürzungen und Verschlankungen an die Stelle von Komplexität zu

---

66 "Tödliche Gefahr", in: manager magazin Oktober 1991, S. 218-232. Siehe die Fortsetzungen dieses Beitrags im November-, Dezember- und Januarheft.

67 "Zielbildung und Effizienz von Entscheidungen in Organisationen", in: Rudolf Fisch und Margarete Boos, Hrsg., Vom Umgang mit Komplexität in Organisationen: Konzepte – Fallbeispiele – Strategien, Konstanz: Universitätsverlag, 1990, S. 131-147.

setzen, eine Unternehmensorganisation und ihr Management nicht einfacher macht – sondern komplexer. Rudolf Wimmer hat darauf hingewiesen,[68] daß sich funktionale Organisation und Geschäftsfeldgliederung gerade in diesem einen Punkt nicht unterscheiden, daß sie die Eigenkomplexität der Organisation enorm zu steigern erlauben: Je kundennäher, flexibler und reaktionsschneller es zugeht, desto mehr holt man sich das Chaos aus der Umwelt in die Firma selbst hinein.

Der Standardreflex, von Komplexität sofort auf einen Bedarf an Vereinfachung zu schließen, ist verständlich, führt jedoch in die Irre. Das Problem, mit dem man es zu tun hat, wenn man es mit Komplexität zu tun hat, ist nicht einfach als Unüberschaubarkeit und Mangel an Ordnung zu interpretieren. Das entscheidende Kennzeichen von Komplexität ist vielmehr, daß man es mit der Notwendigkeit zu tun hat, eine Auswahl des Wichtigen zuungunsten des Unwichtigen zu treffen, gleichzeitig jedoch weiß, daß das, was heute unwichtig ist, morgen schon wichtig sein kann. Was auch immer man auswählt, morgen schon muß man unter Umständen anders auswählen. Und außerdem: Was auch immer man auswählt, andere würden anders wählen und machen das auch, wenn man sie zu Wort kommen läßt, hinreichend deutlich.

Niklas Luhmanns Lexikondefinition von Komplexität stellt auf vier Kennzeichen ab:[69] Von der Komplexität eines

---

68 "Zwischen Differenzierung und Integration: Zur charakteristischen Dynamik von Organisationen mit steigender Eigenkomplexität", in: Gruppendynamik 22, 1991, S. 359-389.

69 Stichwort "Komplexität", in: Erwin Grochla, Hrsg., Handwörterbuch der Organisation, 2., völlig neu gest. Aufl., Stuttgart: Poeschel, 1980, Sp. 1064-1070. Wer sich weitergehend informieren möchte, lese: ders., "Haltlose Komplexität", in: ders., Soziologische Aufklärung 5: Kon-

Systems spricht man, wenn es (1) eine große Anzahl von Elementen aufweist, die (2) in einer großen Zahl von Beziehungen zueinander stehen können, die (3) verschiedenartig sind und (4) deren Zahl und Verschiedenartigkeit zeitlichen Schwankungen unterworfen sind.

Komplexität heißt Zwang zur Selektion, weil nicht alle Elemente durch alle möglichen Typen von Beziehungen mit allen anderen Elementen komplett verknüpft werden können. Jede Selektion ist kontingent, also auch anders möglich. Jede Selektion ist daher einerseits riskant und andererseits unumgänglich. Sobald man es mit Komplexität zu tun hat, hat man es mit der Notwendigkeit von Kontingenz zu tun. Sobald man es mit Komplexität zu tun hat, hat man es mit der Unumgänglichkeit riskanter Entscheidungen – und zwar: für alle sichtbar riskanter Entscheidungen – zu tun.

Komplexität als Lösung

Vielleicht führt es weiter, wenn man Komplexität nicht, wie üblich, als Problem, sondern als Lösung betrachtet. Komplexität als Problem zu betrachten, hat nahezu zwangsläufig zur Folge, nach Vereinfachungen Ausschau zu halten, die einerseits natürlich hilfreich und unumgänglich sind, andererseits jedoch in eben dem Ausmaß, in dem sie gelingen, die Komplexität steigern, die sie handhabbar machen. Die Reduktion schafft die Komplexität nicht aus der Welt, sondern ist die erste und wichtigste Bedingung ihrer Steigerbarkeit. Und jede Reduktion ist

struktivistische Perspektiven, Opladen: Westdeutscher Verl., 1990, S. 59-76.

nur eine von zahlreichen anderen Möglichkeiten, die Komplexität handhabbar zu machen. Sie steht in Konkurrenz zu möglichen anderen Reduktionen und kann angesichts des Problems, das die Komplexität darstellt, weder auf Richtigkeit noch auf Notwendigkeit verweisen, um sich zu rechtfertigen.

Wenn man Komplexität als die Lösung betrachtet, gewinnt man die interessante Frageperspektive, für welche Probleme Komplexität die Lösung ist. Das ist sicherlich in jedem Einzelfall anders. Sucht man auf diese Frage jedoch nach einer allgemeinen Antwort, dann kommt man im Hinblick auf den wechselseitigen Steigerungszusammenhang von Komplexität und Reduktion und im Hinblick auf die kontingente Selektivität jeder Reduktion zu dem Ergebnis: Die Komplexität ist die Lösung des Problems, daß jede einzelne Vereinfachung sich auf bestimmte Aspekte stützt und alle anderen unberücksichtigt läßt. Sie ist die Lösung des Problems, daß jede Vereinfachung notwendig verkennt, was sie vereinfacht. Sie hält Möglichkeiten bereit, diese Verkennung zu korrigieren, falls sich das als erforderlich oder als wünschenswert erweist. Die Komplexität ist die List der Welt, Vereinfachungen zu ermöglichen, ohne ihr Schicksal an das Schicksal dieser Vereinfachungen zu hängen.

Man kann das damit Gemeinte an drei Punkten verdeutlichen:

Erstens ist Komplexität die Lösung, weil es dem Menschen wesentlich leichter fällt, zu einem stabilen, ja sogar berechenbaren Verhalten zu finden, wenn er es mit überraschenden, unberechenbaren, intelligent feindseligen, mangelhaft kommunizierbaren, kurz: komplexen Sachverhalten zu tun hat.[70] Er ist

---

70 Siehe noch einmal Neville Moray, "Humans and Their Relation to Ill-Defined Systems", in: Oliver G. Selfridge, Edwina L. Rissland, Michael A. Arbib, Hrsg., Adaptive

115

dann darauf angewiesen, einen eigenen Weg zu finden. Und er wird einen Weg finden. Konfrontiert man den Menschen dagegen mit klaren, überschaubaren, berechenbaren Sachverhalten, wird er schon aus Langeweile, Experimentierlust und Trotz einen Weg finden, abzuweichen, die Dinge zu stören, seine eigenen Überraschungen zu produzieren und erst im Zusammenbruch Befriedigung finden.

Zweitens ist Komplexität die Lösung, weil sie mit Fehlerfreundlichkeit im Sinne von Christine und Ernst Ulrich von Weizsäcker einhergeht.[71] Komplexe Systeme sind meist lose gekoppelte Systeme. Das heißt, sie reagieren nur partiell auf Störungen. Störungen schießen nicht gleich durch das ganze System, sondern können in einem Teil des Systems abgefangen und in anderen Teilen des Systems daraufhin beobachtet werden, ob aus ihnen etwas zu lernen ist. Fehlerfreundliche Systeme sind gleichzeitig Systeme, die sich selbst Fehler leisten, ja Fehler, falls sie isoliert werden können, sogar ermuntern, weil man nicht weiß, ob der Fehler von heute nicht der Strohhalm von morgen ist.

Drittens ist Komplexität die Lösung, weil sie in Systemen auftritt, in denen nicht nur gehandelt und entschieden wird, sondern in denen auch beobachtet wird, wie gehandelt und entschieden wird. Komplexe Systeme sind Systeme, in denen die einen kontingente und riskante Entscheidungen zum Beispiel über weitreichende Vereinfachungen treffen, während die anderen im Auge behalten, was bei diesen Entscheidungen überse-

---

Control of Ill-Defined Systems, New York: Plenum Pr., 1984, S. 11-20.

[71] "Fehlerfreundlichkeit", in: Klaus Kornwachs, Hrsg., Offenheit – Zeitlichkeit – Komplexität: Zur Theorie der Offenen Systeme, Frankfurt am Main: Campus, 1984, S. 167-200.

hen wird. Die Beobachter achten auf die blinden Flecken der Entscheider – und können nur darauf hoffen, daß auch sie auf ihre blinden Flecken hin beobachtet werden, wenn sie ihre Entscheidungen treffen.

Heute ist es üblich, diese wechselseitige Beobachtung entweder durch Hierarchie, also eine ganz bestimmte Vereinfachung, zu blockieren, oder sie sofort als Einsätze im Spiel der Macht, eine andersartige Vereinfachung, zu mißbrauchen. Aber auch das sichert den Aufbau von Komplexität.

Die Lösung des Problems

Es gehört zu einer für amerikanische Universitäten im Windschatten amerikanischer Unternehmensphilosophien typischen Folklore, daß man sich dort gern Geschichten erzählt wie die von den Mathematikstudenten, die zu spät zu einer Klausur kommen, an der Tafel drei Aufgaben stehen sehen, diese mit Mühe und gerade noch in der Zeit, aber erfolgreich lösen – und bei der Abgabe ihrer Arbeiten vom Prüfer erfahren, es habe sich bei diesen Aufgaben nicht um die Klausuraufgaben, sondern um drei berühmte ungelöste Probleme der Mathematikgeschichte gehandelt.[72]

Diese Geschichte enthält eine bemerkenswerte Einsicht in die Intelligenz der Problemlösung. Offensichtlich fördert es die Problemlösung nicht, wenn Probleme angemessen wahrgenommen werden, etwa als berühmte Probleme der Mathematik. Die angemessene Wahrnehmung eines Problems steckt mit dem Problem schon unter einer Decke und trägt zur Kontinuie-

---

[72]   Zitiert nach The Stanford Daily vom 8. Februar 1991.

rung des Problems, aber nicht dazu bei, es durch seine Lösung aus der Welt zu schaffen.

Wer ein Problem löst, hat es auf eine gewisse Weise nicht angemessen verstanden. Denn wer ein Problem löst, hat das Problem nicht im Problem, sondern in der Lösung gesehen. Er ist mit einem Wissen um die Lösbarkeit des Problems an das Problem herangegangen und hat Mittel und Wege gefunden, diese Unterstellung einzulösen. Er hat das Problem verschoben, dorthin, wo es lösbar ist.

Wer ein Problem löst, versündigt sich streng genommen gegen die Logik. Denn ein Problem ist als unlösbar definiert. Sonst wäre es kein Problem. Wer ein Problem löst, verwandelt eine wahre Aussage ("Dies ist ein Problem") in eine falsche Aussage ("Es stimmt nicht, daß dies ein Problem ist"). Und will dafür auch noch gelobt werden.

Hierzulande ist die Problemlösung durch Problemverschiebung weniger angesehen als die offene Konfrontation des Problems. Eine Lösung im flüchtigen Eifer der Klausur scheint weniger wert als eine Lösung im stillen Ernst der Studierstube. Denn in unserer Folklore geht es gar nicht um die Lösung. Wir haben nur Geschmack am Problem. Wer es uns wegnimmt, indem er es löst, ist ein Spielverderber. Und wer es verschiebt, spielt ein Spiel, das uns zutiefst verdächtig ist. Darum darf es nur als ein offenes Geheimnis behandelt werden, daß die Lösungen natürlich fast nie in der Studierstube zustandekommen, sondern beim Einschlafen, Aufwachen, Duschen oder Spazierengehen – oder bei anderen Gelegenheiten, bestimmte Dinge zu beendigen, andere anzufangen und den dabei entstehenden, ganz unwillkürlichen Schnitt zur Lösung des Knotens zu benutzen.

Probleme gibt es nur in Differenz zu Lösungen, genauer: zur Abwesenheit von Lösungen. Vielleicht sollten wir einmal auf der anderen Seite der Differenz starten, also mit den

Lösungen, nicht mit den Problemen. Vielleicht sollten wir versuchen, nicht mehr Probleme, sondern Lösungen als Eigenwerte organisatorischen Entscheidens anzunehmen. Es käme dann auf Rekursion und Diskriminierfähigkeit an, also darauf, die Lösungen immer wieder neu zu überprüfen und bessere von schlechteren zu unterscheiden.

Statt dessen hat man sich ständig darum bemüht, bessere Problemdiagnosen zustande zu bringen, und hat nicht gemerkt, daß das im Widerspruch zu der Einsicht steht, daß das Problem das Problem eines Beobachters ist. Probleme werden gelöst, wenn man nicht um sie weiß. Alles andere dient nur der Selbstverstärkung des Problems. Es kommt also darauf an, daß Problemwahrnehmer Problemlöser beobachten können. Es kommt darauf an, daß etwas passiert, was als Lösung weiterhilft.

Diese Einsicht steht interessanterweise auch am Beginn einer Neuorientierung der Forschungen zur Künstlichen Intelligenz, nachdem sich die großen Erwartungen der Anfangszeit nicht erfüllt hatten: Das Problematische an einem Problem, so Allen Newell und Herbert Simon,[73] besteht nicht darin, daß es nur durch aufwendige Lösungsverfahren gelöst werden kann, sondern darin, daß diese aufwendigen Verfahren notwendig wären, würde man es nicht statt dessen mit Intelligenz versuchen. Was es mit dieser Intelligenz auf sich hat, ist nach wie vor ein Rätsel. Sicher ist nur, daß sie mehr mit einem Netzwerk von Agenten als mit einer zentralen Instanz zu tun hat. Man beginnt jedoch zu ahnen, daß Intelligenz viel mit Dezentralisierung, verteilten Ressourcen und selbstregulierter Kooperation zu tun hat. Jede Lösung ist ein emergenter Zustand, der sich

---

73   "Computer Science as Empirical Inquiry: Symbols and Search", in: Communications of the ACM 19 (1976), S. 113-126, Hier: S. 122.

einstellt, obwohl wir es laufend mit Problemen zu tun zu haben glauben.

Muß man Menschen motivieren?

Wer kennt sie nicht, die ewige Klage der Unternehmer und Manager. Wenn ihre Mitarbeiter nur motivierbar seien, wie sie es sich vorstellen, könne es dem Unternehmen wesentlich besser gehen, als es ihm tatsächlich geht? Wer kennt nicht dieses eigenartige Spiel der innovativen, begeisterungsfähigen, mitreissenden, von Ideen übersprudelnden Führungskraft, der es einfach nicht gelingt, ihre Visionen in Motivationen der Geführten umzusetzen? Und wer hat sich noch nicht darüber gewundert, daß in dem Moment, in dem das Unternehmen kaum noch zu retten schien und das Management sich bereits nach anderen Jobs umsah, der Spieß sich umdrehte und kaum noch ein Mitarbeiter nicht mit irgendwelchen Ideen aufwartete, wie man dieses anders und jenes besser anpacken könnte? Wer hat sich noch nicht darüber gewundert, daß gerade diejenigen Mitarbeiter überhaupt keine Probleme mit ihrer Motivation haben, deren Vorgesetzte sich vornehmlich darauf zu konzentrieren scheinen, sich in Schweigen zu hüllen, wenn andere sich beeilen, zu den Aufgaben auch noch Gründe und zur Anerkennung auch noch Lob zu liefern?

Reinhard K. Sprenger hat ein lange überfälliges Buch geschrieben,[74] dem man auf jeder Seite anmerkt, daß es langjährigen Erfahrungen, präzisen Beobachtungen und einer im Genre

---

74 Mythos Motivation: Wege aus einer Sackgasse, Frankfurt am Main: Campus 1991.

der Managementliteratur seltenen Unbekümmertheit gegenüber den machtvollen Ideologien der "Menschenfreundlichkeit" entstammt. Dieses Buch kommt zum rechten Zeitpunkt, da allerorten die Bereitschaft zuzunehmen scheint, von der Wiederentdeckung der Komplexität in den Unternehmen auf die Wiederentdeckung des "Faktors Mensch" umzuschalten und dessen innerer Unergründlichkeit und unverplanbarem Einfallsreichtum genau die Komplexität anzuvertrauen, die keine Organisationsgestaltung mehr "in den Griff" bekommen zu können scheint. Man hüte sich vor diesem raschen Zugriff auf den Menschen. Man hüte sich davor, wie respektvoll auch immer gerade seine Unkalkulierbarkeit in die Pflicht nehmen zu wollen. Man hüte sich davor, zu glauben, die Komplexität sei bewältigbar, wenn man nur wieder anerkenne, daß Organisationen aus Menschen bestehen. Man rutscht dann schnell in eine "Japanisierung" der Arbeitsverhältnisse hinein, in eine Metaphorik vom Ganzen des Unternehmens und den Mitarbeitern als seinen Teilen, die im europäischen Kontext allzu korporationsverdächtig ist.

Zur Kreativität kann man nicht motivieren, zur Abweichung vom Gewohnten nicht auffordern. Sprenger zeigt, daß jede Motivation bereits daran scheitert, daß sie ihre Absicht mitkommunizieren muß. Wer motiviert wird, achtet dann nicht auf das, was er tun soll, und die guten Gründe, die es dafür geben mag. Sondern er achtet nur noch auf die Absicht – und ist verstimmt. Zu den frühesten und am schnellsten verdrängten Einsichten auch der Pädagogik gehört die Entdeckung, daß es paradox ist, einen Menschen zur Freiheit erziehen zu wollen, weil jede Erziehung einen Entzug von Freiheit voraussetzt. Genauso paradox ist es, zu etwas motivieren zu wollen, was freiwillig getan werden soll. Die Absicht der Motivation ruiniert die Freiwilligkeit.

Solange man diese Paradoxie nicht einsieht, bleibt nur der von Sprenger beschriebene fatale Zyklus, daß man auf das

Scheitern der Motivation mit noch mehr Motivation reagiert, die Führungskräfte sich immer stärker in ihr Mißtrauen gegenüber den Mitarbeitern vergraben und die Mitarbeiter immer lauter jammern, wenn die liebgewordenen incentives ausbleiben, die an die Stelle jedes anderen Sinns ihres Handelns getreten sind.

Die an der Karl Kraus'schen Psychoanalysekritik geschulte Diagnose von Sprenger lautet: "Die Motivation ist die Krankheit, für deren Heilung sie sich hält." Und sein Leitsatz, an dem sich jede Therapie zu orientieren hat: "Leistungsbereitschaft kann man nur behindern." Wir brauchen Führungskräfte, die verhindern, daß ihre Mitarbeiter sich die falschen Aufgaben suchen; die sicherstellen, daß die Bezahlung angemessen ist; und die sich darüber hinaus in Schweigen hüllen. Dann hätte man es mit Menschen zu tun und bräuchte nicht über sie zu reden.

Vorschläge für das nächste Jahrtausend

Mitte der 80er Jahre wurde Italo Calvino an die Harvard University eingeladen, um dort Vorträge über sein Literaturverständnis und seine eigene Arbeit zu halten. Über der Vorbereitung dieser Vorträge verstarb er. Fünf der "Sechs Vorschläge für das nächste Jahrtausend" hat er ausgearbeitet.[75] Seine Frau hat sie aus seinem Nachlaß herausgegeben. Seine Idee bestand darin, alte und neue Literatur auf die Frage hin zu lesen, welche

---

[75] Sechs Vorschläge für das nächste Jahrtausend: Harvard-Vorlesungen. Aus dem Italienischen von Burhart Kroeber, München: Hanser, 1991.

Werte sich aus ihr gewinnen ließen, die man auch dem kommenden Jahrtausend noch anempfehlen könnte. Die Literatur galt ihm dabei sowohl als ein Gedächtnis der schönsten Erwartungen der Menschheit wie auch als ein hochempfindliches Sensorium gegenüber all dem, was diesen Erwartungen hinderlich und förderlich sein kann.

Management ist die Fortsetzung der Literatur mit anderen Mitteln. Darum lohnt es sich, festzuhalten, welche Werte Calvino empfiehlt. Es sind die Werte einer Buchkultur an der Schwelle zur Medienkultur, eines "management by objectives" an der Schwelle zum "management by complexity":

– *Leichtigkeit* : Leichtigkeit heißt, Probleme, wenn sie auftauchen, lieber aus den Augenwinkeln zu beobachten denn direkt anzugehen, weil man dann für Problemlösungen empfänglich bleibt, die ja nur jenseits des Problems liegen können. Leichtigkeit heißt ferner, mit Unterscheidungen nach Möglichkeit so umzugehen, daß man die Seite wechseln und die Dinge aus einem anderen Blickpunkt betrachten kann. Leichtigkeit ist das Gegenteil von Schwere. Und Schwere bedeutet, sich nicht vorstellen zu können, hier und gleichzeitig woanders sein zu können.

– *Schnelligkeit* : Schnelligkeit heißt nicht, mit allen Dingen möglichst zügig zu einem Abschluß zu kommen – und dann nicht mehr weiter zu wissen. Sondern Schnelligkeit heißt, kontinuierliche Abläufe so zu diskontinuieren, daß mehr Dinge zur gleichen Zeit getan werden können und damit das Ende aufgeschoben werden kann. Es geht um ständigen Neuanfang, um eine innere Verlängerung, um eine Befähigung zur raschen Lösung durch langes Abwarten. Nicht Fertigwerden, Weitermachenkönnen ist die Devise.

– *Genauigkeit* : Wem es um Genauigkeit zu tun ist, dem muß es zunächst einmal um Unbestimmtheit zu tun sein. Denn Unbestimmtheit heißt: Empfänglichkeit für genaue Unterscheidungen. Genauigkeit ist kein Wert, mit dem Erkundungen abgeschlossen werden könnten, sondern ein Wert, mit dem Erkundungen zwischen den Leuten weitergereicht werden können. Was an den Bestimmungen unbestimmt bleibt, ist daher nicht zu verbergen, sondern offen zu legen. Denn nur dann kann ein Mehrwert aus der Gemeinsamkeit der Erkundung gezogen werden.

– *Anschaulichkeit* : Anschaulichkeit bedeutet, den Worten Bilder mitzugeben, die ihnen Inhalt, und den Bildern Worte mitzugeben, die ihnen Gehalt geben. Worauf es ankommt, ist, bei allem, was man tut, sich als den Beobachter mitzuführen, der tut, was er tut. Anschaulich ist die Unterscheidung, der angesehen werden kann, wer sie trifft. Nichts ist unanschaulicher als das objektiv Richtige.

– *Vielschichtigkeit* : Vielschichtigkeit bedeutet, der Verknüpfbarkeit von Sachverhalten Vorrang einzuräumen vor ihrer Separierung und Isolierung. Jeder Punkt kann mit jedem anderen verbunden werden. Wir haben es mit einem Netz von Möglichkeiten zu tun, in dem sich Unterscheidungen nicht von selbst verstehen und andere Unterscheidungen andere Möglichkeiten bedeuten.

Vom sechsten Vorschlag Calvinos, *Konsistenz*, ist nur bekannt, daß er als ein Kommentar zu Herman Melvilles Erzählung "Bartleby" geplant war. Bartleby ist ein kleiner Büroangestellter, der von einem Wall Street-Händler eingestellt wird. Er antwortet geduldig auf jede Aufforderung, bestimmte Aufgaben zu erledigen: "I prefer not to." Und hält dieselbe Antwort auch auf die Aufforderung bereit, sein seltsames Verhalten zu erklären.

Bartleby ist das Extrem der operativen Komplexität: Er hat so genau begriffen, daß die Wirkungsverzögerung weiter führt als die Instantaneität, daß er gar nichts mehr tut, dies allerdings mit äußerster Präzision. Er ist die andere Seite dessen, was wir laufend zu schätzen, zu mögen, zu wollen, tun zu können behaupten, die andere Seite der Form, in die wir uns tagtäglich wieder neu bringen. Er ist die Wahrheit des Kollaps, den wir jeden Tag aufschieben, und damit die andere Seite unserer Wahrheit.

Der Unternehmer als Chinese

Kaum ein Beruf ist so sehr mit Klischees besetzt wie der des Unternehmers. Und kaum etwas anderes als Klischees wissen die Unternehmer diesen Klischees entgegenzusetzen. Zu den Stereotypen, auf die Unternehmer immer wieder zurückkommen, seit sie, beginnend in der Renaissance, über Franklin und Ford, bis hin zu Iacocca und Trump, für ihr Leben Verständnis suchen, gehören der Fleiß, die Zielstrebigkeit, die Willenskraft und die Verläßlichkeit.[76] Seit Max Webers Untersuchungen zur protestantischen Ethik weiß man, daß diese Stereotypen nicht nur der Gestaltung der eigenen Lebensführung, sondern vor allem dazu dienen, Arbeitern und Kunden als vertrauenswürdig und Geldgebern als kreditwürdig zu erscheinen.

Leicht haben diese Deutungsmuster es dabei nicht. Wie sollen sie die Aufgabe lösen, einen Berufsstand als vertrauenswürdig, traditionsbewußt und kontinuitätswillig darzustellen, dessen Problemlösungskraft und Erfindungsreichtum auf die Abschaffung des Überholten, Überflüssigen und Hinderlichen abstellt? Und die dabei nichts in die Welt setzen, was nicht alsbald von anderen wiederum als überholt, überflüssig und hin-

---

[76]   Siehe Klaus P. Hansen, Die Mentalität des Erwerbs, Frankfurt am Main: Campus Verlag, 1992.

derlich bezeichnet und überwunden wird? Wie soll man jemandem Kontinuität abkaufen, der auf "schöpferische Zerstörung" im Sinne Joseph A. Schumpeters[77] seinen Berufsstolz gründet? Dem Unternehmer bleibt nur ein Ausweg: Er muß kopfüber in die Paradoxie springen und zugleich der Schurke des Stücks wie sein Held sein.

Die Paradoxie funktioniert. Sie bedient die Klischees und ermöglicht die schöpferische Zerstörung. Der Preis dafür ist allerdings hoch: Der Unternehmer ist eine Fiktion, die jeden Unternehmer mit sich allein läßt. Aber diese Fiktion läßt sich nutzen. Sie läßt sich nutzen, den Unternehmer als Fremden darzustellen, der – so Georg Simmels unübertreffliche Formulierung – "heute kommt und morgen bleibt",[78] als Fisch im Wasser, der sich vom Schwarm nicht vereinnahmen läßt und doch nichts anderes als den Schwarm im Blick hat, oder eben – als Chinese.[79]

Das Bild ist fremd genug gewählt, um den Nagel auf den Kopf zu treffen. Angeregt wird es von einer Rede, die Heinz Nixdorf 1984 über eine Reise nach China gehalten hat und in der er sich fasziniert zeigte von der Fähigkeit der Chinesen, ihre Wirtschaft aus dem Dritte Welt-Status herauszuführen. Im Chinesen entdeckte Nixdorf – sich selbst. Nämlich den Unternehmer, der vom Kollektiv der Gesellschaft um ihn herum sowohl befreit wie geprägt ist. Der Unternehmer ist nicht die

---

77   Kapitalismus, Sozialismus und Demokratie. Aus dem Englischen von Susanne Preiswerk, 6. Aufl., Tübingen: Francke, 1987.

78   Soziologie: Untersuchungen über die Formen der Vergesellschaftung. Hrsg. von Otthein Rammstedt, Frankfurt am Main: Suhrkamp, 1992, S. 764.

79   So Werner Graf, "Heinz Nixdorf und tausend Millionen Chinesen", in: Der Alltag, Heft 2 (1991), S. 128-138.

von einer Idee besessene Ausnahmepersönlichkeit, sondern der hellwache Beobachter, der sich perfekt in einer Gruppe zu bewegen versteht, weder zu schnell noch zu langsam, weder hörig noch eigenwillig. Der Unternehmer ist derjenige, der dort einen Weg sieht, wo andere noch nicht einmal Möglichkeiten erkennen.

Für den "Alltag"[80] des Unternehmers heißt das vor allem eins: Der Unternehmer ist ebenso sehr an der Sache, an jedem ihrer Details, an allen ihren Umständen, an jeder kleinsten Variierbarkeit interessiert, wie am Gewinn, der sich erzielen läßt, wenn man eine neue Lösung findet. Das ist das eigentlich Verblüffende am Unternehmer: in die Sache ebenso verliebt wie in das Geld, läßt er sich weder auf die Sache noch auf das Geld festlegen.

Der Unternehmer ist der untreue Enthusiast, der Sprinter mit der Ausdauer eines Marathonläufers. Den Stoff ihres Lebens macht es aus, daß sie sich vorstellen können, daß die Welt anders aussehen kann. Nichts ist vor ihrer Fähigkeit, sich irritieren zu lassen, sicher. Sie denken nach, indem sie herumlaufen, Fragen stellen, Gerüchte aufschnappen und ausstreuen, im richtigen Moment mit den richtigen Leuten reden, am tropfenden Wasserhahn den Gemütszustand ihrer Mitarbeiter und an der Laune der Sekretärin die Zukunftsaussichten ihrer Firma ablesen

Nichts von all dem, was sie tun, verändert die Welt so, daß man sich nicht vorstellen möchte, sie könnte anders aussehen.

---

80   – darauf stellen auch andere Beiträge in diesem dem "Unternehmer" gewidmeten Heft der Zeitschrift "Der Alltag" ab.

Strategien aus dem Handbuch

Ein Handbuch der Managementphilosophie: kann es so etwas geben? Ist die Managementphilosophie nicht gerade der Inbegriff des pragmatischen Interesses am jeweils Besonderen, das kaum dazu tauglich ist, auf ein Allgemeines und schlechthin Gültiges abgezogen zu werden? Und wie umfangreich müßte so ein Handbuch sein, schaut man sich die Unmenge an managementphilosophischen Veröffentlichungen allein in der Zeit seit dem zweiten Weltkrieg an?

Bengt Karlöf, ein schwedischer Unternehmensberater, wartet mit zwei Überraschungen auf. Erstens hat er ein Handbuch der Managementphilosophie geschrieben, ohne deren wichtigsten Impuls, die Abkehr von der Analyse zugunsten des Handelns aufzugeben. Und zweitens ist sein Handbuch wesentlich schmaler geworden als fast alles, was auf diesem Feld ansonsten geboten wird. 231 Seiten zählt sein Buch.[81] Man hält damit ein Buch in den Händen, das zu allen Begriffen, die in diesem Feld gängig sind, keine Definitionen, aber ein klares Verständnis und weiterführende Beispiele liefert. Man hält ein Buch in den Händen, das nicht mit der amerikanischen Geste des Missionars geschrieben ist, sondern mit der eher europäischen Geste des Kenners der Materie. Auch die Managementphilosophie hat ihre Tradition und ihre Entwicklung, ihre Fehlstarts und ihre Neuansätze.

Vor allem jedoch hat sie ihre Wiederholungen. Auf den Punkt zu achten, um den es geht, ermöglicht daher, sich auf ein schmales Buch zu beschränken. Und der Punkt, um den es geht, ist die Veränderung des Geschäftsumfelds fast aller heute

---

[81] Unternehmensstrategie: Konzepte und Modelle für die Praxis. Aus dem Englischen von Thorsten Schmidt, Frankfurt am Main: Campus Verlag 1991.

tätiger Unternehmen von einem Nachfrageüberschuß zu einem Angebotsüberschuß. Mehr braucht es nicht, um zu begründen, daß die wesentliche Aufmerksamkeit der Unternehmen heute nicht mehr der Senkung der Kosten eines problemlos absetzbaren Angebots gilt, sondern der Steigerung der Qualität eines Angebots, das sich seinen Platz auf dem Markt erst erobern muß. Lag das Geheimnis des Geschäftserfolgs früher im Erzielen von Skaleneffekten, so liegt es heute in der Entwicklung von Geschäftskompetenz. Lag es früher in der Durchleuchtung der Kostenstrukturen der Produktion, so liegt es heute in der radikalen Kundenorientierung.

Dies zu wissen, ist eines. Die Organisation eines Unternehmens auf eine entsprechende Umstellung einzuschwören, ist jedoch ganz etwas anderes. Daß die Unternehmenskulturrevolution keinen Aspekt der Organisation ausläßt, mag ein Trost sein, ist aber keine Hilfe bei der entscheidenden Frage: Womit anfangen, worauf achten, welche Gewohnheiten stören, welche Routinen beibehalten?

Nur der Blick auf das eigene Unternehmen kann diese Fragen beantworten. Aber welche Fragen man stellen kann und mit welchen anderen Fragen sie in einem Zusammenhang stehen, das kann man aus einem Handbuch lernen. Wann empfehlen sich Aquisitionen? An welchen Stellen kann Deregulierung weh tun? Was heißt Führung? Was wird von der Leitung eines Unternehmens erwartet? Was kann man sich unter Kultur vorstellen? Welche Rolle spielt der Preis auf Nachfragemärkten? Wann bleibt vertikale Integration unverzichtbar? Was kann man noch von einer Diversifikation des Geschäftsportofolios halten? Der Blick ins Handbuch lehrt die Fragen stellen. Der Blick aufs Unternehmen, der ohne die Fragen stumpf ist, lehrt sie beantworten.

Will man die Strategieanalyse über einzelne Problemfelder hinaus vertiefen und einen generellen Überblick über Position und Entwicklungschancen des Unternehmen gewinnen, kann man eine ganze Reihe von Modellen benutzen, die von mehr oder weniger ausformulierten Daumenregeln verschiedener Beratungskonzepte bis zu Henry Mintzbergs Strukturtypen und Michael Porters Wettbewerbsanalyse reichen.[82] Karlöf stellt sie vor, zeigt ihre Stärken und Schwächen. Das Buch erschließt eine ganze Bibliothek, erlaubt es, dem Unternehmensberater auf die Finger zu klopfen, und schafft Orientierung in einem Feld, in dem die guten Tips letztlich alle aus Büchern kommen.

Zurück zum gesunden Menschenverstand

Ein Stichwort macht die Runde unter Unternehmensberatern und denen, die ihnen zuhören: "systemisches Denken". Neu ist das beileibe nicht. Wir haben es immer noch mit den Spätfolgen der Erfindung der Kybernetik im und nach dem 2. Weltkrieg zu tun. Aber mit der alten Kontrollkybernetik, dem Hin- und Herrechnen positiver und negativer Rückkopplungen, hat das systemische Denken nicht mehr viel zu tun, obwohl natürlich auch das noch als eine Art Basiswissen um zirkuläre Prozesse eine Rolle spielt. "Ganzheitlichkeit", "Vernetztheit", "Selbstbezüglichkeit", "Wirklichkeitskonstruktion", das sind die Zauberworte des systemischen Denkens, das ebenso mit dem Namen von Frederic Vester wie mit denen von Paul

---

[82]   Siehe Henry Mintzberg, The Structuring of Organizations: A Synthesis Research, Englewood Cliffs, NJ: Prentice-Hall, 1979; Michael E. Porter, Competitive Advantage: Creating and Sustaining Superior Performance, New York, 1985.

Watzlawick, Humberto Maturana und Heinz von Foerster verbunden ist.

Nachdem dieses Denken einige Jahrzehnte lang nur einen Kreis konsequent transdisziplinärer Wissenschaftler interessiert hat, ist es jetzt in der soziologischen Systemtheorie und in der Familientherapie der Mailänder und Heidelberger Schulen zu einer neuen Blüte gebracht worden. Und schon seit Jahren arbeitet auch eine sich ständig vergrößernde Zahl von Unternehmensberatern mit systemtheoretischen Vorstellungen.

Die "Managerie" ist das Jahrbuch für diesen Strang systemischen Denkens, ein Tummelplatz für Begegnungen zwischen Therapeuten, Beratern und Theoretikern.[83] Hier kann man sich umfassend darüber informieren, was eigentlich in den Köpfen von Leuten vor sich geht, die sich mit systemischem Denken beschäftigen, und was diese Leute den Unternehmen zu bieten haben, die sich von ihnen beraten lassen.

Natürlich beschäftigt man sich auch mit der Frage, was das denn nun eigentlich sei: systemisches Denken. Und man kommt zu einer verblüffenden Antwort: Systemisches Denken ist die Wiederentdeckung des gesunden Menschenverstandes! Die wichtigste Botschaft dieses gesunden Menschenverstandes lautet: Es kommt darauf an.

Etwas solider formuliert: Es gibt keine Rezepte für das Richtige und Wahre, auf die man sich unabhängig von den jeweiligen Umständen verlassen und berufen kann. Jedes Management by X geht genau da in die Irre, wo es den Stein des Weisen in den Händen zu halten glaubt. Statt dessen geht es, so die Formulierung von Hans Rudi Fischer, um ein "Ma-

---

83   Christof Schmitz, Peter-W. Gester und Barbara Heitger, Hrsg., Managerie. Jahrbuch für systemisches Denken und Handeln im Management, Heidelberg: Carl Auer, Bde 1 (1992) und 2 (1993).

nagement by bye".[84] Manager sollen lernen, "kontextualistisch" zu denken, das heißt in unterschiedlichen wie auch in denselben Situationen unterschiedliche Perspektiven einnehmen zu können, um dem Eigensinn und der Vielschichtigkeit der von ihren Beobachtern ja allererst konstruierten Wirklichkeit gerecht zu werden.

Die Wiederentdeckung des gesunden Menschenverstandes hat mehr mit einer überfälligen Wissenschaftskritik als mit den Einsichten des Mannes auf der Straße zu tun. Trotzdem ist es wahrscheinlich kein Zufall, daß diese Wiederentdeckung mit einem erneuten Interesse am Buddhismus zusammenfällt, der seinen Mut zur Gelassenheit ebenfalls aus der tiefen Einsicht gewinnt: Es hängt davon ab.

Schade ist nur, daß der Witz dieser Einsicht sofort wieder verspielt wird, wenn man vollmundig die Ganzheitlichkeit der Wirklichkeit beschwört. Tatsächlich geht es ja gerade um die Kritik aller Einheits- und Ganzheitsvorstellungen, um ein Verständnis "einschneidender Pluralität", wie es Wolfgang Welsch in Managerie 1 treffend formuliert. Daß alles mit allem irgendwie zusammenhängt, ist keine Einsicht, sondern der Verzicht auf jede Einsicht.[85] Wenn man sich daran orientieren würde, könnte man sich an gar nichts orientieren.

Worauf es vielmehr ankommt und worauf auch die Praxis der systemischen Unternehmensberatung Wert legt, ist, daß man herauszufinden suchen muß, was womit *nicht* zusammenhängt, ohne sich anschließend darauf zu verlassen, was man da

---

[84] Managerie 1 (1992), S. 15-40.

[85] So auch Karl E. Weick, "Blindspots in Organizational Theorizing", in: Douglas B. Gutknecht, Hrsg., Meeting Organization and Human Resource Challenge: Perspectives, Issues and Strategies, New York: University Press of America, 1984, S. 15-28.

herausgefunden hat. Systemisches Denken ist ein Denken, das sich vor allem durch eines auszeichnet: durch ein Interesse an Unterscheidungen. Das Ganze kommt erst durch die Hintertür wieder ins Spiel: dadurch nämlich, daß man ständig mit Überraschungen rechnet. Die Intelligenz, die ein Unternehmen aufbringen kann, resultiert aus der Unterscheidung von Überraschungen – und dafür braucht man Pläne, Strategien und Kontrollen, kurz: alles, was irgendeinen Unterschied macht.

Krise der Warenproduktion

Robert Kurz hat unter dem Titel "Der Kollaps der Modernisierung" eine fulminante Untersuchung des Zusammenbruchs des Staatssozialismus und der ökonomischen Situation in der Ersten und Dritten Welt veröffentlicht,[86] die man neben Hilferding, Luxemburg und Sohn-Rethel zu den Höhepunkten der marxschen Analyse nach Marx selbst zählen kann. Kurz reiht sich in die Reihe der Wenigen ein, die den Kapitalismus und den Sozialismus für die beiden Seiten der einen Medaille des warenproduzierenden Systems halten, eines Systems also, dessen entscheidender Stimulus nicht in der einfachen Versorgung mit Gütern, sondern in der vielfach vermittelten Produktion von Waren für den Verkauf liegt.

Das hört sich trivial an, ist es aber nicht, denn es macht deutlich, daß die Einheit der Ware, jeder Ware, durch drei Differenzen konstituiert ist:

---

[86] Der Kollaps der Modernisierung: Vom Zusammenbruch des Kasernensozialismus zur Krise der Weltökonomie, Frankfurt am Main: Eichborn, 1991.

– durch die Differenz zwischen der Produktion heute und dem Konsum morgen,

– durch die Differenz zwischen der Produktion durch den einen und den Konsum durch einen anderen und

– durch die Differenz zwischen den Gründen, die man haben kann, etwas zu produzieren, und den Gründen, die man haben kann, etwas zu konsumieren.

Sowohl der Kapitalismus als auch der Sozialismus versuchen nichts anderes, als die Ware an den Mann zu bringen. Der Unterschied zwischen den beiden Systemen besteht darin, daß der Kapitalismus die Differenzen durch die Marktkonkurrenz laufend neu zündet, während der Sozialismus zeitlebens unterhalb der "kritischen Masse", wie Kurz sagt, operierte, also zeitlich, sozial und sachlich vorzusteuern versuchte, wer was wann produziert und konsumiert. Der Kapitalismus produziert den Überfluß, indem er sich darauf kapriziert, wie Léon Walras einmal bemerkt hat, ausschließlich knappe Güter zu produzieren – und die Leute dazu bringt, zu akzeptieren, nur gegen gutes Geld am Überfluß teilhaben zu können. Der Sozialismus produziert die Knappheit, indem er immer wieder nur Überflüssiges, nämlich in dieser Form zu diesem Zeitpunkt an diesem Ort nicht Gebrauchtes hervorbringt – und die Leute dann dazu bringen muß, es trotzdem zu konsumieren und für alles andere Warteschlangen in Kauf zu nehmen.

Diese Konstellation begreifen wir so recht erst im Moment ihres Zusammenbruchs, der wiederum sehr viel damit zu tun hat, daß sich offensichtlich eine neue Konstellation herausgebildet hat, die man mit dem Stichwort der "Vernetzungswirtschaft" kennzeichnen kann. Die Analyse von Kurz wird in diesem Punkt von neueren industriesoziologischen Untersuchungen bestätigt.[87]

Danach haben sich unter der Auswirkung der Produktivkräfte Wissenschaft und Technologie neue Produktionsverhältnisse ausgebildet, deren enger Vernetzungsgrad von technischen und monetären Kriterien der Kombination und Separierung von Produktionsfaktoren weder mithilfe der klassischen Marktsteuerung noch der ebenso klassischen staatlichen Steuerung der Produktion zu verstehen ist. Die Pointe daran ist, daß weder die einzelne Fabrik noch eine Unternehmensorganisation, also weder die Produktionsanlage noch die betriebswirtschaftliche Einheit, als Planungszentrum zu verstehen ist. An deren Stelle tritt eine Art freischwebender Kalkül, der ebenso rasch finanzielle wie sachliche Kriterien einzusetzen versteht und laufend neue Geschäfte initiiert, die immer wieder andere Kooperationschancen ausbeuten und aus deren Wechsel ihre Dynamik beziehen.

Diese Dynamik ist zugleich das Problem der neuen Konstellation. Vergessen sind die Zeiten, in denen Henry Ford darauf vertrauen konnte, daß die Arbeiter, die seine Autos bauen, mit dem Lohn, den sie dabei verdienen, diese Autos auch kaufen können. Die Vernetzungswirtschaft produziert demgegenüber keine Integrationseffekte, sondern Exklusionseffekte. Nicht nur schließt sie wachsende Bevölkerungsteile aus den Produktionsprozessen und damit Verdienstchancen aus. Vor allem erschwert sie das Mithalten der Betriebe in der Dritten Welt mit den neuen Produktivitätsstandards. Wenn diese gleichsam natürlichen Exklusionseffekte durch Organisationen auch noch durch allzu wohlfeile Forderungen nach Anhebung der Sozial-

---

[87] Siehe Thomas Malsch und Ulrich Mill, Hrsg., ArBYTE: Modernisierung der Industriesoziologie? Berlin: edition sigma, 1992.

standards in der Dritten Welt ergänzt werden, ist das Ergebnis vorgezeichnet. Immer größere Teile der Weltgesellschaft fallen mit unabsehbaren Folgen aus dem Wirtschaftssystem heraus, wenn es nicht gelingt, Bevölkerungen und Betriebe an der Peripherie der Netzwerke in diese miteinzubeziehen. Dabei muß der Partizipation an den Netzwerken der Vorrang gegenüber dem Einhalten allgemeiner, exklusiv wirkender Standards gegeben werden.

Über die Ehre des Managers

Auf Weniges ist der gute Manager mehr angewiesen als auf eine sichere und schnelle Unterscheidung zwischen Symbol und Realität. Die Dinge auf das hin abzuklopfen, was in ihnen Versprechen und was Wirklichkeit ist, gehört zu seinem eigensten Geschäft. Aber er muß diese Unterscheidung nicht nur treffen können. Er muß sie auch selbst handhaben können. Er muß mit Symbolen umgehen können, die weder er selbst noch andere mit der Realität verwechseln. Er muß mit Versprechen arbeiten können, deren Wirklichkeit nur darin besteht, daß sie ihre Einlösung noch vor sich haben.

Nichts läge dem guten Manager also ferner als eine Abwertung und Geringschätzung der symbolischen Wirklichkeit von Versprechungen. Auf nichts kommt es ihm weniger an als auf ein sofortiges und ausschließliches Abstellen auf die handfeste Wirklichkeit von Fakten. Mit den Fakten ist kein Geschäft zu machen. Ein Geschäft macht man nur mit dem, was diese Fakten als Versprechen anderer Fakten enthalten.

Management ist ein so sehr auf die Wirklichkeit der immer erst bevorstehenden Einlösung von Wirklichkeit eingeschworenes Geschäft, daß man hier damit rechnen muß, mehr Verständnis für Symbole, mehr Geschick im Umgang mit Symbolen finden zu können als andernorts, wo die Einlösung durch die Wirklichkeit ferner liegt und die Wirklichkeit daher hartnäckiger beschworen werden muß.

Einen interessanten Beleg für diesen Zusammenhang von Symbol und Wirklichkeit liefert Calvin Morrill in einer Untersuchung der Rolle der Ehre im Konfliktmanagement verschiedener Unternehmen.[88] Er fand heraus, daß die Ehre eines Managers alles andere als eine kostenlose Beigabe ist, mit der man Altgediente zu symbolischen Ehren kommen läßt. Ganz im Gegenteil. Die Ehre ist klingende Münze im tagtäglichen Geschäft der Auseinandersetzungen innerhalb des Unternehmens. Auf zweierlei, vielfältig zu umspielende Weisen bietet das symbolische Kapital der Ehre Orientierungsmaßstäbe, an denen die Konfliktbereitschaft und Durchsetzungsabsichten der Personen gemessen werden, die sich in einem Unternehmen an einem Konflikt beteiligen.

Erstens macht sich der, der sich auf seine Ehre beruft oder der auf seine Ehre hin angesprochen wird, in genau dem Maße vorhersehbar, in dem dies geschieht. Wessen Ehre mit auf dem Spiel steht, der markiert damit weniger sich als vielmehr die Position, die er bezieht. Er fixiert eine bestimmte Position innerhalb einer Auseinandersetzung und legt sich auf diese Position fest. Es leuchtet unmittelbar ein, daß unter Umständen innerhalb eines Konflikts nichts entscheidender sein kann, als die Ehre aller Beteiligten draußen zu halten, damit Positionsänderungschancen gewahrt bleiben können.

---

88   "Conflict Management, Honor, and Organizational Change", in: American Journal of Sociology 97 (1991), S. 585-621.

Zweitens jedoch und genau deswegen tendiert das symbolische Kapital der Ehre dazu, mit dem hierarchischen Rang zu korrelieren. Je höher der Rang, desto geehrter die Stellung und ihre Person. Das hat den einfachen Grund, daß dem gesamten Unternehmen damit gedient zu sein scheint, wenn man den Vorgesetzten Einstellungen und Absichten zurechnen kann, die sie nicht ständig ändern und auf die man sich entsprechend verlassen kann. Die Ehre, auf die sich die Vorgesetzten berufen, sind die Stricke, mit denen die Liliputaner Gulliver am Boden festbinden.

Einem Unternehmen ist also in keiner Weise damit gedient, wenn die Mitarbeiter ihre Vorgesetzten ausgerechnet in ihrem Ehrverhalten imitieren. Sie können dieses symbolischen Kapitals der Ehre nicht wirklich teilhaftig werden, weil es sich kein Unternehmen leisten kann, daß sich die Mitarbeiter derartig auf ihre Positionen festlegen. Aber die Mitarbeiter würden damit auch auf ihr wichtigstes Kapital verzichten: die Unvorhersehbarkeit, deren Symbolwert in keiner Weise geringer zu schätzen ist als der der Ehre. Denn wer es sich noch leisten kann, unvorhersehbar, also überraschungsfähig zu sein, kann schneller und effizienter zwischen Symbolen und Wirklichkeiten hin und her wechseln als der, der sich um seine Ehre sorgen muß.

Marktwirtschaft als Planwirtschaft

Wenn man nach den Ursachen für die Schwierigkeiten des ökonomischen Neuanfangs in Ostdeutschland und überhaupt in den osteuropäischen Ländern fragt, spielen die "Verwestlichung" der Nachfragestrukturen auf den Märkten, die durch politische Institutionen wie die Treuhand nur zum Teil abgefederte Verhärtung der Budgetrestriktionen, unter denen Unternehmen operieren, und der Wunsch der Beibehaltung überkommener Beschäftigungsstrukturen sicherlich eine große Rolle. Die externen und internen, den Rahmen möglicher Geschäfte absteckenden Bedingungen haben sich dramatisch geändert.

Der Blick auf diese Umstände genügt sicherlich, um einen Großteil der Misere zu erklären. Bei einem zweiten Blick fällt jedoch als ein weiterer Umstand auf, daß es offensichtlich kaum möglich ist, die Managementstrukturen im Osten mit denen im Westen ohne gewaltige Reibungsverluste zusammenzuführen. Das liegt nicht etwa daran, daß "kapitalistisches" Management und "sozialistisches" Management nicht zueinander passen. Das ist ein Mythos, der schon deswegen nicht stimmen kann, weil es ja eine zwar stark begrenzte, aber offensichtlich verläßliche Zusammenarbeit zwischen "kapitalistischen" und "sozialistischen" Betrieben immer gegeben hat. Als Verständigungsbasis reichte immer aus, daß es hier wie dort planwirtschaftliche Methoden der Betriebsführung gab und gibt. Nein, ein wichtiges Problem scheint vielmehr zu sein, daß Betriebsführung hier wie dort auf die Bedeutung von Verhandlungsnetzen angewiesen ist, diese Verhandlungsnetze sich jedoch wechselseitig ausschließen.

Unabhängig voneinander durchgeführte Untersuchungen von Martin Heidenreich und Lutz Marz zeigen,[89] daß die Verhandlungssysteme, in die ostdeutsche Betriebe eingespannt

---

[89] Siehe Martin Heidenreich, "Zur Doppelstruktur planwirtschaftlichen Handelns in der DDR", in: Zeitschrift für Soziologie 20 (1991), S. 411-429; Lutz Marz, "Der prämoderne Übergangsmanager: Die Ohnmacht des 'real sozialistischen' Wirtschaftskaders", in: Rainer Deppe, Helmut Dubiel und Ulrich Rödel, Hrsg., Demokratischer Umbruch in Osteuropa, Frankfurt am Main: Suhrkamp, 1991, S. 104-125.

sind, in anderen Hinsichten auf politische Adressaten zugreifen, als dies in westdeutschen Betrieben der Fall ist. In der DDR waren Verhandlungen zwischen Politik und Wirtschaft um Planziele, Mengen und Verrechnungspreise unmittelbar relevant für die Betriebspolitik. Politische Vorgaben waren die Rahmendaten, an die sich die Produktionsprozesse anzupassen hatten. Auch in Westdeutschland gab und gibt es eine ganze Reihe von Ebenen, auf denen Verhandlungen zwischen Politik und Wirtschaft geführt werden, doch stehen sie in einem wesentlich vermittelteren Zusammenhang mit Produktionsprozessen. Sie stecken einen Rahmen flankierender Maßnahmen zur Sicherung politischen Vertrauens ab, und zwar eines politischen Vertrauens sowohl in die Wirtschaft wie in die Politik. Und sie dienen im Einzelfall zur Auszeichnung von Investitions- und Absatzchancen. Im großen und ganzen jedoch bleiben Kriterien der Betriebsführung und Abstimmungen mit der Politik voneinander unterscheidbare unternehmenspolitische Fragen. Das läßt in einem wesentlich höheren Maße, als das in der DDR der Fall war, die Entstehung von Verhandlungsnetzwerken auch zwischen den einzelnen Unternehmen zu.

Verhandlungen über Pläne, Investitionen und Absatzmöglichkeiten gibt es hier wie dort. Doch die Verhandlungssysteme im Osten sind mit ganz anderen politischen Sensibilitäten ausgestattet gewesen als jene im Westen. Kam es im Osten darauf an, bei engen Kontakten zur Politik ein hohes Maß an Unempfindlichkeit und Dickfelligkeit auszubilden, so kommt es im Westen bei eher lockeren Kontakten zur Politik darauf an, in einigen wenigen, aber hochrelevanten Hinsichten das Gras wachsen hören zu können.

Daraus resultieren drastisch unterschiedliche Abstimmungsmechanismen und unvergleichbare Verhandlungssprachen, die eine mindestens ebenso große Rolle bei den Anpassungen zwischen Ost und West spielen wie unterschiedliche Sprachen der Kostenrechnung, des Marketing und der Personalführung. Die Ironie der Transformation einer Planwirtschaft in eine Marktwirtschaft liegt darin, daß man unter dem Druck des Marktes nicht etwa die vorhandenen Verhandlungssysteme nutzen kann, um eine Abstimmung zu erreichen, sondern schlicht und ergreifend die eine Sprache durch die andere ersetzt. Westliche Betriebe müßten sich relativ rasch mit allen jenen Betrieben im Osten koordinieren können, die im Unterlaufen und Ausnutzen politischer Vorgaben geübt sind. Doch dabei handelt es sich um mafiöser Strukturen verdächtige Betriebe, mit denen Kontakte zu pflegen gegenwärtig politisch nicht opportun ist.

Die Absicht der Planung

Um die Planungstheorie ist es in den letzten Jahren still geworden. Planung gilt nicht mehr als Weisheit letzter Schluß und schon gar nicht als Ausweis eines rationalen Vorgehens. Das Management selbst, früher nur Ausführer und Anreger von Planung, ist an die Stelle des Plans getreten. Die Sicherung der Möglichkeit, je gegenwärtig sinnvoll handeln zu können, ist von größerer Bedeutung als die Festschreibung eines Ziels und der Wege, die dorthin führen. Das macht Planung nicht überflüssig. Im Gegenteil. Aber die Planung ist heute in vielen Unternehmen genau das, als was sie von der Organisationstheorie schon seit langem bezeichnet wird: ein Reflexionsinstrument, das Angebot einer Ebene, auf der Zusammenhänge zwischen den Handlungen gestern, heute und morgen, Zusammenhänge zwischen deinen und meinen Handlungen und Zusammenhänge zwischen der Bearbeitung des einen Problems und der Bearbeitung des anderen Problems sowohl hergestellt als auch vermieden werden können.

Die relative Ruhe, die um die Praxis der Planung eingetreten ist, seit die Entwicklung von Strategien, Unternehmenskulturen und symbolischen Identitäten größere Aufmerksamkeit beansprucht, ist von der Planungstheorie genutzt worden, eine Reihe von unscheinbaren, aber weitreichenden Neukonzeptionen vorzunehmen. Theodor M. Bardmann und Kollegen haben einige der neuen Ideen in einem Buch zusammengestellt und diskutiert.[90]

Ihr Ausgangspunkt ist mit Niklas Luhmann ein Begriff der Steuerung, der auf die Minimierung von Differenzen abstellt.[91] Planen und Steuern heißt, Unterschiede zwischen Zielen und Realitäten zu verringern; wobei begrifflich und sachlich zunächst offen bleibt, ob die Realitäten an die Ziele oder die Ziele an die Realitäten herangeführt werden: Beides kann als erfolgreiche Planung gelten, so daß es nicht auf den Plan, sondern auf die auf ganz anderen Ebenen formulierten Erwartungen eines Unternehmens an sich selbst ankommt, welche der beiden Möglichkeiten überwiegt.

Ein zweiter Gesichtspunkt dieses Steuerungsbegriffs liegt darin, daß Planung und Steuerung nicht nur die Differenz zwischen Ziel und Wirklichkeit verringern, sondern zugleich andere Differenzen verstärken oder sogar vergrößern. Zum Beispiel verstärkt und vergrößert Planung die Differenz zwischen einem Unternehmen und seiner Umwelt: Man kann nur planen und steuern, wenn man sich dafür die Zeit nimmt, Ressourcen re-

---

[90]   Theodor M. Bardmann u.a., Irritation als Plan: Konstruktivistische Einredungen, Aachen: Kersting, 1991.

[91]   Siehe "Grenzen der Steuerung", in: ders., Die Wirtschaft der Gesellschaft, Frankfurt am Main: Suhrkamp, 1988, S. 324-349.

serviert und Leute abstellt, die dann für anderes nicht zur Verfügung stehen und damit die Eigenart, den Eigenwert und die operative Komplexität des Unternehmens im Unterschied zu allem anderen hervorkehren. Manchmal ist dies bereits die wichtigste Leistung des Plans: Nachzuweisen, daß man sich in einem Unternehmen auf eine eigene Art und Weise Gedanken über alles andere macht. Auf die "Eigenheiten", die dabei produziert werden, kann man zurückgreifen, wenn sich angesichts von Umweltänderungen ein neuartiger Identifizierungsbedarf der eigenen Absichten ergibt.

All dies heißt drittens, daß das, was aufgrund von Planung geschieht, sich nicht aus dem Geplanten ergibt, sondern daraus, daß Planung im System nicht nur vollzogen, sondern auch beobachtet wird. Ihren wichtigsten Unterschied macht die Planung als Absicht der Planung. Denn das, was daraufhin geschieht, kann als Verhinderung des Plans, Erleichterung des Plans, Erfüllung und Verfehlung beobachtet werden. Das erleichtert es, Möglichkeiten für Anschlußhandlungen zu finden, und gibt dem Unternehmen eine Struktur, die ebenso abhängig vom Plan wie abhängig von einer völlig undurchschaubaren sozialen Eigendynamik des Unternehmens ist. Schließlich kommt es nur noch darauf an, diese Eigendynamik durch einen Plan so zu irritieren, daß die Mitarbeiter nach Zusammenhängen und Unabhängigkeiten suchen, für die sie sich sonst gar nicht interessieren würden.

Management mit den Mitteln der Organisation

In das Beratungsgeschäft ist in den vergangenen Jahren sehr viel Bewegung gekommen, deren Richtung schon dadurch deutlich wird, daß man zunehmend nicht mehr nur von Unternehmens-, sondern von Organisationsberatung spricht. Wenn Wirtschaftsberater Gutachten über Schul- und Hochschulsysteme anfertigen, wenn Unternehmen entdecken, daß ihre Organisationsprobleme Gemeinsamkeiten mit denen von Krankenhäusern, politischen Parteien und Fußballvereinen haben, dann stehen zwei Entdeckungen im Raum. Erstens stellen sich Effizienzfragen nicht nur in der Wirtschaft. Und zweitens stammen die möglichen Antworten auf diese Fragen nicht nur aus dem Schatzkästchen durchgreifenden Kostenmanagements.

Wenn Schulen von Unternehmen und Unternehmen von Fußballvereinen lernen können, dann liegt das nicht daran, daß der gemeinsame Nenner aller Organisationen Managementfragen sind, sondern daran, daß die wichtigste Antwort auf jede Managementfrage in der Organisation liegt. Es geht nicht mehr nur darum, Management gegen träge, bürokratische Organisationen antreten zu lassen. Sondern es geht darum, das Management von Organisationen lernen zu lassen, welche Rolle Erinnerungen spielen, welche Findigkeiten man braucht, um neue Ziele zu setzen, und wie man Motive regenerieren kann, die durch Organisation verbraucht werden wie kaum etwas anderes.

Management und Organisation sind die zwei Seiten der selben Medaille. Unternehmensberatung ist der Versuch, die Organisation auf die Möglichkeiten des Managements aufmerksam zu machen, mit weniger Entscheidungen schneller zum Ziel zu kommen. Und Organisationsberatung ist der Versuch, das Management auf die Möglichkeiten der Organisation hinzuweisen, durch eine einsichtigere Ordnung ein größeres Potential alternativer Entscheidungen zu entwickeln. Unternehmensberatung fokussiert im effizienten Kostenmanagement, Organisationsberatung in der raffinierten Komplexitätsbewältigung.

Der Wiener Organisationsberater Rudolf Wimmer hat einen Sammelband herausgegeben,[92] in dem diese Verlagerung von Management- auf Organisationsfragen dargestellt und geradezu beunruhigend ein Sinn für die Pandorabüchse entwickelt wird, die man damit öffnet. Denn es ist beileibe nicht so, daß man einige willkommene neue Beratungsinstrumente seinem Werkzeugkasten einfach hinzufügen kann, wenn man nicht nur Unternehmens-, sondern auch Organisationsberatung betreibt. Die Organisationsberatung ist zwar eine Antwort auf die seit einigen Jahrzehnten neuartige Turbulenz sowohl der Märkte wie der Unternehmen. Aber sie ist eine Antwort auf eine Frage, die noch nicht zureichend verstanden ist.

Die Organisationsberatung hat daher ein Selbstverständnis, das in hohem Maße experimentell orientiert ist. Sie propagiert nicht die beste Lösung, sondern die mögliche Frage. Sie hält nicht den Stein des Weisen bereit, sondern sie ermutigt zur Einsicht, daß es einen solchen Stein nicht gibt.

Man sieht das am besten an ihrem Interventionsverständnis. Nichts ist ihr suspekter als die Behauptung, der externe Eingriff sei das Allheilmittel zur Behebung aller Malaisen. Statt dessen entwickelt sie ein Interventionskonzept, nach dem nur die Organisation selbst mit Aussicht auf Erfolg in die Organisation intervenieren kann.[93] Alle externen Eingriffe bekommen es ausschließlich mit dem Immunsystem der Organisation zu tun und müssen darum zerstören, was sie anders organisieren wol-

---

92   Organisationsberatung: Neue Wege und Konzepte, Wiesbaden: Gabler, 1992.

93   Siehe Helmut Helmut Willke, Systemtheorie II: Interventionstheorie – Grundzüge einer Theorie der Intervention in komplexe Systeme, Stuttgart: G. Fischer, 1994.

len. Organisationsberatung heißt daher, zwischen dem Berater und seinem Klienten einen Kommunikationsprozeß zu entfalten, in dem der Klient etwas über sich lernt, was nur er wissen kann. Der Berater legt den Finger auf wunde Punkte, die Organisation kommt auf neue Ideen und das Management koordiniert die Ressourcen, die neuen Ideen zu realisieren. Ein unwahrscheinlicher, aber nicht unmöglicher Prozeß.

Das Geheimnis der Wirtschaftsethik

Sein erster Reflex sei es, in seiner Tasche nach dem Autoschlüssel zu suchen, antwortete Niklas Luhmann auf einer Konferenz über Wirtschaftsethik, als er nach seiner Einschätzung dieses Themas gefragt wurde. Mit der Wirtschaftsethik stünde es wie mit der Staatsräson oder der englischen Küche: sie müsse in der Form eines Geheimnisses auftreten, um geheimzuhalten, daß sie gar nicht existiere. Ihm sei aufgefallen, daß es in den letzten beiden Jahrzehnten eines Jahrhunderts mit schöner Regelmäßigkeit zu einem Moralboom käme – als eine Art Rückschau auf die Versündigungen des Jahrhunderts. Ende des 16. Jahrhunderts seien das neue Adelstheorien gewesen, Ende des 17. Jahrhunderts Debatten um das Verhältnis von Öffentlichkeit und Privatheit, Ende des 18. Jahrhunderts gar eine veritable Revolution, Ende des 19. Jahrhunderts der Zweifel am Imperialismus. Mit einem solchen Boom habe man es auch in diesem Jahrhundert zu tun.

All das mildere vielleicht den Juckreiz, trage aber kaum etwas zum Verständnis der Probleme bei. Wie könne man sich vorstellen, ökologische Gefahren, technologische Risiken, wachsende Diskrepanzen zwischen Armut und Reichtum,

Kriegsgefahren durch einen Ruf nach Moral zu bannen? Wie wolle man durch eine Unternehmensethik das in den Organisationen akute Problem des Kurzschlusses der Hierarchie bewältigen?

Die Konferenz, deren Beiträge Josef Wieland in einem kleinen Band herausgegeben hat,[94] blieb bei diesen skeptischen Einschätzungen nicht stehen. Immerhin könne eine Wirtschafts- und Unternehmensmoral als ein Kostensenkungsprogramm gelten, das dort greife, wo es darum geht, Verhaltensstandards voraussetzen zu können, ohne sie aufwendig durch eigene Kontrollmaßnahmen eigens absichern zu können. Und immerhin sei die Moral eine Sprache, deren kritisches Irritationspotential man nicht unterschätzen dürfe und die so etwas wie ein Übersetzungsprogramm zwischen Sprachen darstelle, die sich sonst unverständlich blieben.

Damit konnte der Verdacht Luhmanns, die Moral diene nur allzu leicht dazu, gut gemeintes Handeln zu ermutigen, das in seinen Folgen oft mißlingt, und schlecht gemeintes Handeln abzublocken, das wohltätige Folgen haben kann, nicht ausgeräumt werden. Erübrige sich nicht jede Unternehmensethik, wenn der wirtschaftliche Zweck der Unternehmensführung erreicht wird, fragt auch Manfred Gentz. Moral könne nur greifen, wenn sichergestellt sei, daß für alle die gleichen Wettbewerbsbedingungen gelten. Andernfalls gerate der moralische Zweifel in Konflikt mit dem Auftrag der Kapitalgeber – und dieser Konflikt sei nicht durch Berufung auf höhere Werte und Förderung von Konferenzen zur Unternehmensethik, sondern nur durch den Rücktritt des Vorstands zu lösen.

Das Problem liegt darin, daß es keinen kategorischen Imperativ gibt, aus dem alle konkreten Fragen deduziert werden kön-

---

[94]   Wirtschaftsethik und Theorie der Gesellschaft, Frankfurt am Main: Suhrkamp, 1993.

nen; keinen Moralkodex, in dem nicht Werte vorkommen, die untereinander konfligieren; keine Möglichkeit, die Wertvorstellungen aller Individuen so zu aggregieren, daß eine konsensuelle kollektive Wertordnung zustande kommt. Wenn es so etwas wie eine Wirtschaftsethik gibt, dann kann sie, wie Josef Wieland festhält, keinen universalen Anspruch anmelden. Sie hat immer nur lokale Berechtigung: als Direktive einer Berücksichtigung der außerökonomischen Folgen wirtschaftlichen Handelns.

Wenn sie schlecht ist, dient Wirtschaftsethik nur als Legitimationskitsch ratloser Unternehmer. Wenn sie gut ist, macht sie auf Differenzen zwischen der Wirtschaft und dem Rest der Gesellschaft aufmerksam, die mit wirtschaftlichen Mitteln allein nicht zu bearbeiten sind. Das aber heißt, daß man die Wirtschaftsethik schon deswegen nicht aus den Augen lassen darf, weil sie so oder so über Ratlosigkeiten und über anders nicht zu überbrückende Differenzen informiert.

Das Prinzip der Ungewißheitsabsorption

Die Hauptaufgabe der Organisation und das Fundament ihrer beispiellosen Erfolgsgeschichte seit den Anfängen der Industrialisierung bis zum Ende des Zeitalters der Massenproduktion liegt in einem ebenso einfachen wie ingeniösen Prinzip. Es ist erst in den 50er Jahren von den Organisationstheoretikern Herbert Simon und James March formuliert worden, und wahrscheinlich fängt man erst heute an, seine Bedeutung und Reichweite abzuschätzen. Es stellt so etwas wie das Unbewußte jeder Organisation dar, und an ihm reibt sich jeder bewußte Versuch, die Organisation auf prinzipiell andere Weise zu gestalten als bisher.

Dieses Prinzip trägt den trockenen Namen der Ungewißheitsabsorption. Und die einschlägige Definition lautet: "Uncertainty absorption takes place when inferences are drawn from a body of evidence and the inferences, instead of the evidence itself, are then communicated."[95] Die Organisation ist ein Instrument zur Ausbeutung und Umsetzung von Schlußfolgerungen. Und das heißt: Sie ist kein Instrument zu deren Überprüfung! Sie schwingt sich auf die Welle der Schlußfolgerungen und kann nur hoffen, von der Flut der Daten nicht verschlungen zu werden.

Angewendet auf die Entscheidungsabläufe in Organisationen läuft das Prinzip der Ungewißheitsabsorption darauf hinaus, daß jede einzelne Entscheidung innerhalb einer Organisation ihre Ungewißheiten auf eine Art und Weise bewältigt, die in der Entscheidung selbst nicht mehr vorkommt. Die Entscheidung wird getroffen und kann als unproblematische Prämisse weiterer Entscheidungen verwendet werden, die zwar auf ihre eigenen Ungewißheiten stoßen, aber nichts mehr mit denen früherer Entscheidungen zu tun haben. Ungewißheitsabsorption ist die Weitergabe von Schlußfolgerungen ohne die Ungewißheiten, unter denen sie zustande kommen.

Dieser Mechanismus der Ungewißheitsabsorption ist das Fundament der rationalen, nur durch sich selbst bedingten, und effizienten, alle Störungen abblockenden, Organisation. Und genau dieses Prinzip steht zur Disposition, seit die neueren Managementphilosophien im Gefolge von Tom Peters und anderen die Ungewißheiten vergangener Entscheidungen als das

---

95 James G. March und Herbert A. Simon, Organizations, New York: Wiley, 1958, Neuausgabe Cambridge, Mass.: Blackwell, 1993, S. 186.

Material entdeckt haben, aus dem bessere zukünftige Entscheidungen gewonnen werden können.

Seither läuft alle problembewußte Organisationsgestaltung auf den Versuch hinaus, die Ungewißheit in die Mechanismen ihrer Absorption *wiedereinzuführen.*[96] Das begann mit der Diversifikation, fand einen ersten Höhepunkt in der Matrixorganisation und ist mit den Versuchen schlanken Managements in Netzwerken parallel arbeitender Profitzentren wahrscheinlich noch nicht zu Ende.

Macht mehr Fehler und macht sie schneller, sagt Tom Peters. Denn woraus sonst wollt ihr etwas lernen?

Damit wird das Prinzip der Organisation auf den Kopf gestellt. Jede Entscheidung wird auf ihre Ungewißheiten hin beobachtet und auch entsprechend markiert und kein Mensch weiß, wann man mit Schlußfolgerungen zu tun hat, die man als Prämissen für weiteres verwenden könnte. In jedem Moment eines Entscheidungsprozesses stößt man auf Unklarheiten früherer Entscheidungen, die erst bearbeitet, und zwar: neuerlich bearbeitet werden müssen, bevor man weitergehen kann. Man nimmt nur noch ernst, daß man keine Entscheidung mehr ernst nimmt. Das zerrt an den Nerven, ruiniert die Motivation und kann nur durch einen Enthusiasmus wettgemacht werden, von dem man nicht weiß, woher er sich laufend regenerieren können soll.

Kein Mensch weiß, ob man das Prinzip der Ungewißheitsabsorption wirklich zur Disposition stellen kann und was an seine Stelle treten könnte. Auch deswegen begreifen sich Unternehmen mehr und mehr als Organisationen, die hoffen können, von anderen Organisationen wie Universitäten, Guerillaeinheiten oder Filmproduzenten lernen zu können, wie man mit

---

[96]   Siehe dazu meine Arbeit: Die Form des Unternehmens, Fankfurt am Main: Suhrkamp, 1993.

Ungewißheiten umgehen kann, die nicht etwa unter den Teppich gekehrt, sondern auf den Schild gehoben werden.

Die implizite Organisation

Es ist eine alte Einsicht der Organisationstheorie, daß das Überflüssige nicht überflüssig ist. Diese Einsicht ist sogar der Punkt, an dem sich seinerzeit die Organisationstheorie von der Betriebswirtschaftlehre verabschiedet hat. Seit Richard M. Cyert und James G. March gilt "organizational slack" nicht als etwas, das um jeden Preis abzuspecken ist, sondern als Ressourcenreserve, die eingesetzt werden kann, wenn unvorhergesehene Umstände eintreten.[97] Jeder betriebswirtschaftliche Rationalisierungsversuch verstieße hier gegen die Rationalität nicht des Irrationalen, sondern des Unrationalen. Er würde die Unternehmensorganisation unter Umständen um genau die Bewegungsspielräume bringen, die sie braucht, wenn der Markt sich bewegt oder die eigenen Operationen neue Möglichkeiten erreichbar machen.

Organizational slack umfaßt alle jene Aktivitäten innerhalb einer Organisation, die nicht auf unmittelbare Ziele gerichtet sind und daher Sinnüberschüsse darstellen, die nicht nur eine Plattform zur Einschätzung zielgerichteter Aktivitäten bieten, sondern auch Alternativen für jene Momente bereithalten können, in denen sich die Ziele verschieben oder auf anderen Wegen angestrebt werden. Vom Skifahren weiß man, daß Unfälle

---

[97] A Behavioral Theory of the Firm, Englewood Cliffs, N.J.: Prentice-Hall, 1963, Neuausgabe Cambridge, Mass.: Blackwell, 1992.

dort zu erwarten sind, wo nach einem optimalen Weg gesucht wurde und die kleinste Störung genau diesen Weg versperrt. Wer keine Reservemöglichkeiten vorhält, kann nicht ausweichen. Wer nicht ausweichen kann, riskiert zu stürzen.

Aus Japan kommt eine zusätzliche Begründung für die Pflege des Überflüssigen. Unter dem Titel der "Redundanz" wird von Ikujiro Nonaka ein Überlappen von Informationen, Aktivitäten und Verantwortungen empfohlen, das als Voraussetzung für ein Unternehmensdesign beschrieben wird, das nicht mehr nur die Realisierung eines bestimmten Wissens über Märkte und Operationen zum Zeitpunkt X ist, sondern selbst in der Lage ist, Wissen zu erzeugen, mit dem das Unternehmen auf unterschiedliche Lagen reagieren kann, ja diese Lagen selbst schaffen kann.[98] Redundanz ist der Verzicht darauf, für alle Operationen eine stelleneindeutige, hochspezifische, alle Übergänge vorwegdefinierende Zielvorgabe festzulegen. Redundanz bedeutet, nicht damit zu rechnen, daß Information punktgenau übermittelt werden kann, sondern statt dessen Muster zu verbreiten, die Vorhersagbarkeiten schaffen, denen Informationen entnommen und in die Informationen eingetragen werden können.

Redundanz ist dann gegeben, wenn man aus einer Kreditentscheidung einer Bank erschließen kann, wie andere Kreditentscheidungen getroffen werden. Varietät, das Gegenteil von Redundanz (was nicht heißt, daß das eine das andere ausschließt!), ist dann gegeben, wenn man aus dem, was ein Mitarbeiter eines Unternehmens tut, nicht erschließen kann, was andere Mitarbeiter tun. Die moderne Unternehmensorganisation braucht beides, Redundanz und Varietät. Sie muß aus einer getroffenen

---

[98]   "The Knowledge-Creating Company", in: Harvard Business Review 69 (November-December 1991), S. 96-104, dt. Übersetzung in Harvard Manager 14 (1992), S. 95 ff.

Entscheidung Rückschlüsse auf mögliche andere Entscheidungen ziehen können (Redundanz). Und sie muß versuchen, ihre Entscheidungen so qualifizieren zu können, daß mit einer Entscheidung nicht alle anderen in wesentlichen Hinsichten festgelegt werden (Varietät).

Traditionelle Unternehmensphilosophien zielen auf die Steigerung der Varietät im Sinne einer im vorhinein und möglichst von oben festgelegten Vielfalt profitabler Produktionsprogramme. Redundanz gilt dann möglichst nur in der Hinsicht, daß das Unternehmen das, was es heute tut, auch morgen tut. Das Unternehmen wird als Trivialmaschine verstanden, die mit geringen Schwankungsbreiten den immer gleichen Input mithilfe bestimmter Transformationen in den immer gleichen Output umsetzt.

Jüngere Unternehmensphilosophien und unter diesen vor allem jene, die sich explizit als "Philosophie" verstehen, zielen dagegen auf einer Steigerung der Redundanz, das heißt der Zugänglichkeit jeder Stelle der Organisation von jeder anderen aus, um nicht im vorhinein, sondern im ablaufenden Prozeß Umstellungen in den Entscheidungs-, Produktions-, Finanzierungs-, Buchführungsverfahren und so weiter zu ermöglichen, die auf an zentraler Stelle oder an der Spitze des Unternehmens weder rechtzeitig erkannte noch angemessen beantwortbare Lageänderungen reagieren können. Varietät ist dann das Ergebnis einer sich über Redundanz selbst steuernden Unternehmensorganisation. Hier wird das Unternehmen als Nichttrivialmaschine im Sinne Heinz von Foersters verstanden,[99] das neben einer Transformationsfunktion auch über eine Zustandsfunktion, eine

---

[99] Vgl. "Prinzipien der Selbstorganisation im sozialen und betriebswirtschaftlichen Bereich", in: ders., Wissen und Gewissen: Versuch einer Brücke, Franfurt am Main: Suhrkamp, 1993, S. 233-268.

"innere Stimme" verfügt, die abgefragt werden kann, wenn an den Inputs oder Outputs unvorhergesehene Störungen auftreten.

Auf genau diese "innere Stimme", also auf die Fähigkeit einer Kommunikation, nicht nur durchzuziehen, was dem Unternehmen aufgetragen ist, sondern herauszufinden, welchen Aufgaben wie zu begegnen ist, kommt es auch Nonaka an. Erfolgreiche japanische Unternehmen verdanken ihren Erfolg, so sagt er, ihrer Fähigkeit, Wissen nicht nur zu exekutieren, sondern allererst zu schaffen. Dies setze voraus, Informationen nicht auf das zu begrenzen, was als harter und quantifizierbarer Fakt innerhalb der Organisation gegen alle Anfechtungen verteidigt werden kann, sondern unter Information auch all das zu verstehen, was nur als Umsetzung einer Intuition in Kommunikation zustande kommt.

Unternehmen verfügen nicht nur über explizites Wissen, sondern auch über implizites Wissen. Implizites Wissen heißt mit Michael Polanyi: wir wissen mehr, als wir zu sagen wissen.[100] Wir wissen zu gehen, aber wissen dieses Wissen nicht zu formulieren. Wir wissen, wie wir von einem Satz zu einem nächsten kommen, aber könnten nicht sagen, was das jeweils voraussetzt. Wir erkennen Kompetenz, wenn wir sie sehen, wüßten aber nicht auf den Punkt zu bringen, was das ist, was wir als Kompetenz erkennen, und was wir bei uns selbst voraussetzen müssen, um in der Lage zu sein, sie erkennen zu können. Wir verfügen über eine Unmenge impliziten Wissens, das kaum zu explizieren ist. Es ist dieses Wissen, das uns sein läßt, was wir sind. Aber es ist auch dieses Wissen, das uns bei dem bleiben läßt, was wir sind: uns auf Gewohnheiten festlegt, die wir noch nicht einmal kennen.

---

100 Implizites Wissen. Aus dem Englischen von Horst Brühmann, Frankfurt am Main: Suhrkamp, 1985.

Nonaka weist darauf hin, daß exakt an diesem Punkt der Umsetzung impliziten in explizites Wissen Metaphern, die heterogene Vorstellungen in einem Bild zusammenbringen, Analogien, die Widersprüchliches vergleichbar machen, und Modelle, die aus den Metaphern und Analogien konsistente Konzepte gewinnen, ihren Sinn haben. Sie nehmen eine Überbrückungsfunktion wahr, die das nicht formulierte (nur sich selbst verständliche) Selbstverständliche formulierbar machen. Das hat zwei Konsequenzen, die den Prozeß der Explizierung impliziten Wissens unabschließbar machen. Erstens ist das, was als Selbstverständliches formuliert wird, nicht mehr selbstverständlich, weil die Formulierung es kontingent setzt und vergleichbar macht. Und zweitens werden für den Prozeß der Explizierung andere Formen des Wissens und vor allem Verfahren der Wissenserkundung in Anspruch genommen, die ihrerseits implizit sind und nur um den Preis der Implizierung wiederum anderen Wissens und anderer Verfahren expliziert werden können.

Redundanz schafft die Voraussetzungen einer Kommunikation, die auf Anschlußgenauigkeit nicht festgelegt ist, sondern Raum schafft für Metaphern, Analogien und Modelle, die zur Explizierung impliziten Wissens gebraucht werden. Der organizational slack, das heißt die in den expliziten Verfahren der Wissensverarbeitung nicht erforderlichen Reserven, hält den Platz bereit, von wo aus expliziert werden kann, was in diesen expliziten Verfahren implizit ist. Und diese Explizierung stellt die Alternativen bereit, von denen man sich hinterher fragt, warum man erst jetzt auf sie aufmerksam wurde.

Der Grundbegriff der Entscheidung

In der Organisationstheorie gibt es einen Grundbegriff, der eine Fülle von Schwierigkeiten mit sich bringt und dennoch unverzichtbar ist. Dieser Grundbegriff ist der Begriff der Entscheidung. Sowohl in seiner normativen wie in seiner deskriptiven Fassung hat er die Organisationstheorie überhaupt erst auf ihren Weg gebracht.

In seiner normativen Version insistiert der Entscheidungsbegriff darauf, daß es eine Möglichkeit rationalen Verhaltens gibt, nämlich die Auswahl zwischen mit der Wahrscheinlichkeit ihres Eintretens gewichteten Alternativen auf der Grundlage von Präferenzen, die die eine Alternative gegenüber der anderen zu bevorzugen erlauben. In diesem Begriff nistet alle Rationalität, an die zu glauben ökonomische Theorien jemals die Kraft aufbrachten.[101] Tatsächlich verschiebt dieser normative Begriff das Problem der Rationalität von der Entscheidung weg in die Formulierung der Präferenzen, wo es im Nebel von Kultur, Erziehung und guten Absichten verschwindet. Und tatsächlich liegt die eigentliche Leistung dieses Begriffs wahrscheinlich nur darin, darauf aufmerksam zu machen, daß es zu jedem Verhalten Alternativen gibt. Und tatsächlich machen diese Verschiebung des Problems der Rationalität und diese Leistung der Aufforderung zur Alternativenwahrnehmung jene Besetzung der Entscheidungsrationalität durch die Organisation erst möglich, die den wie immer künstlich produzierten Nachweis der Rationalität der Entscheidung zum Ausweis der Legitimität der Entscheidung macht.

---

[101] Siehe fast abschließend und bereits skeptisch Kenneth J. Arrow, Essays in the Theory of Risk-Bearing, Amsterdam 1974.

Auf der anderen Seite gibt es eine deskriptive Version des Entscheidungsbegriffs, der wir es seit ihrer ersten expliziten Formulierung durch Herbert A. Simon verdanken, daß sich eine Organisationstheorie entwickeln konnte, die nicht mit einer reinen Zwecktheorie zusammenfällt, also die Organisation als die Umsetzung eines extern vorgegebenen Zweckes versteht, sondern die Organisation als selbständig zwecksetzendes soziales System zu beschreiben erlaubt.[102] Das heißt, der Zweck ist selbst ein Resultat von Entscheidungen. Er steht in der Organisation zur Disposition – und möglicherweise als undisponierbar zur Disposition. Er ist eine Entscheidungsprämisse. Sobald man dies jedoch eingesehen hat, merkt man, daß alle Entscheidungen, auf die innerhalb der Organisation andere Entscheidungen Bezug nehmen, also zurückkommen, als Entscheidungsprämisse beschrieben werden können. Das gilt für die Programme der Organisation ebenso wie für die Werte, die sie bei der Durchführung dieser Programme zu beachten vorgibt, wie auch für das Personal, von dem bestimmte Entscheidungen erwartet werden und andere nicht.

Seither stehen Entscheidungen, die als Entscheidungsprämissen Verwendung finden, explizit oder implizit im Zentrum jeder ausgearbeiteten Organisationstheorie.[103] Das Problem ist nur, daß in Organisationen viel zu viel geschieht, das auf den ersten Blick nichts mit Entscheidungen zu tun hat, um aus diesem Entscheidungsbegriff eine vollständige Beschreibung der Organisation gewinnen zu können. Man hat auf Verhalten hin-

---

[102] Herbert A. Simon, Administrative Behavior: A Study of Decision-Making Processes in Administrative Organization, New York: Macmillan, 1945.

[103] Siehe nur Niklas Luhmann, Funktionen und Folgen formaler Organisation, Berlin: Duncker & Humblot, 1964; Werner Kirsch, Entscheidungsprozesse, 3 Bde, Wiesbaden: Gabler, 1970 - 1971.

gewiesen, das gerade als Nichtentscheidung seinen Strukturwert gewinnt. Man hat Manövrierspiele beschrieben, die den Entscheidungen vorausgehen, sie begleiten und ihre Umsetzung beziehungsweise Nichtumsetzung bewirken können, ohne selbst als Entscheidung beschrieben werden zu können. Man hat auf die mangelnde Struktur, die Routiniertheit, die Unauffindbarkeit, die Blindheit für Alternativen hingewiesen, die nicht nur dem normativen, sondern auch dem deskriptiven Begriff Hohn zu sprechen scheinen.[104]

Und dennoch hat die Organisationstheorie sich vom Entscheidungsbegriff nicht getrennt.[105] Sie braucht ihn, um überhaupt sehen zu können, was ihm nicht entspricht. Alles, was sich innerhalb der Organisation nicht als Entscheidung darstellen läßt, gewinnt seine Relevanz und sein Profil im Hinblick auf die Organisation nur daraus, daß es *keine* Entscheidung ist, also doch irgendetwas mit Entscheidungen zu tun hat.

Man könnte an dieser Stelle auf einen Entscheidungsbegriff ausweichen, der die Entscheidung als eine Zwei-Seiten-Form im Sinne der Unterscheidungstheorie von G. Spencer Brown interpretiert,[106] also all das, was innerhalb der Organisation nicht als Entscheidung abbildbar ist und dennoch irgendetwas mit Entscheidung zu tun zu haben scheint, als die "andere Seite" der Entscheidung beschreibt. Diese andere Seite läuft immer mit, ist der Schatten all dessen, was die Organisation als relevant beschreibt, und ist als dieser Schatten genauso relevant wie das Relevante selbst. Man käme damit dem Phänomen auf

---

[104] Siehe nur die Debatte "Studying Deciding: An Exchange of Views between Mintzberg and Waters, Pettigrew, and Butler", in: Organization Studies 11 (1990), S. 1-16.

[105] Vgl. meinen Artikel: "Die Doppelte Schließung der Organisation", in: Teoria Sociologica 2 (1993), S. 147-187.

[106] Laws of Form, London: Allen & Unwin, 1969.

die Spur, daß es nicht der Organisationstheoretiker ist, der für eine Beschreibung eines Verhaltens als Entscheidung verantwortlich ist, sondern die Organisation selbst. Die Organisation definiert all das, was für sie relevant ist, als Entscheidung, weil sie Entscheidungen braucht, um Entscheidungen treffen zu können.[107] Die Entscheidung ist ihre Realität, die sie schafft, indem sie sie aus allem anderen, was auch Realität ist, herausschält.

Die Organisationstheorie kann sich vom Begriff der Entscheidung nicht trennen, weil sie damit das Prinzip der Realitätskonstruktion der Organisation formuliert hat.

Das Mysterium der Entscheidung

Wenn eine Theorie, also eine bestimmte Festlegung des Erwartbaren, mit einem Grundbegriff in Schwierigkeiten gerät, ohne diesen Grundbegriff aufgeben oder auswechseln zu können, liegt es nahe, nach einer grundlegenden Paradoxie Ausschau zu halten, die nicht etwa die Unmöglichkeitsbedingung dieser Theorie ist, sondern sie mit dem Wissen, das sie bewegt, in der Welt hält, über die sie etwas aussagt. Die Paradoxie ist der Punkt, an dem einer Theorie auffällt, daß unentscheidbar ist, ob ihr Wissen ein Produkt der Welt oder die Welt ein Produkt ihres Wissens ist. Will man nicht auf die Tautologie zurückfallen, daß beides gilt, muß man den Anspruch der Theorie aufrechterhalten, daß das eine das andere ausschließt. Und natür-

---

107   Vgl. Niklas Luhmann, "Organisation", in: Willi Küpper und Günther Ortmann, Hrsg., Mikropolitik: Rationalität, Macht und Spiele in Organisationen, Opladen: Westdeutscher Verl., 1988, S. 165-185.

lich gilt für diese Paradoxie, daß sie sich selbst als tautologisch durchschaut und sich dies nicht eingesteht. Will man wissen, wie die Theorie unter diesen Verhältnissen arbeitsfähig ist, muß man darauf achten, daß sie nichts anderes leistet, als eine Unterscheidung zu treffen, die sich einsetzen läßt, um Informationen zu sammeln.

Bevor man die Probleme, in die die Organisationstheorie mit ihrem Grundbegriff der Entscheidung hineingerät, für die Reformulierung der Theorie fruchtbar macht, lohnt es sich daher, nachzufragen, ob der Entscheidungsbegriff in der Organisationstheorie möglicherweise *an der Stelle* einer Paradoxie steht. Formuliert der normative Entscheidungsbegriff unter dem Deckmantel von Vorschriften für die Durchsetzung von Rationalität letztlich nur, daß die Welt eine Welt voller Alternativen ist? Ist sein Rationalitätsverständnis nur eine Beruhigungsmaßnahme angesichts der Entdeckung von Kontingenz? Und ist der deskriptive Begriff seinerseits möglicherweise nichts anderes als eine versteckte Aufforderung, ein Verhalten im Dienste der Reproduktion der Organisation, also der Verarbeitung von Kontingenz, auch und gerade dann als Entscheidung zu interpretieren, wenn ganz anderes intendiert gewesen sein mag? Wäre der normative Begriff letztlich eine konstatierende Aussage über bestimmte (alternative) Zustände der Welt und der deskriptive Begriff letztlich eine performative Aussage einer Organisationstheorie, die zu rekonstruieren erlaubt, wie sich die Organisation selbst konstruiert?

Das wäre nicht der einzige Fall eines Umkippens von Aussagen in Aufforderungen und Aufforderungen in Aussagen. Im Gegenteil. Die moderne Epistemologie sammelt in ihren konstruktivistischen und dekonstruktivistischen Versionen mehr und mehr solcher Fälle.

Niklas Luhmann behauptet, daß es der Entscheider selbst ist, der sich in die verschiedenen Versionen der Entscheidungstheorie geflüchtet hat, um nicht aufzufallen und nicht seinerseits zur Disposition gestellt zu werden.[108] Denn die Darstellung der Entscheidung als Alternative verdecke nur, daß sie selbst keine Alternative hat, keine Alternative zuläßt, keine Alternative ist. Zur Disposition stehen nur die beiden Seiten der Entscheidung, nicht jedoch ihr Entweder-Oder.[109]

Indem die Entscheidung bestimmte, ihrerseits ausgewählte Alternativen in den Bereich möglicher Auswahl einschließt, *schließt sie aus*, daß sie selbst eine Alternative ist, die man wählen oder nicht wählen kann. Sie muß einfach nur getroffen werden, und damit ist sie so oder so, also unabhängig von ihrer Rationalität und unabhängig von der Weitsicht, mit der bestimmte Alternativen erwogen werden und andere nicht, der Herr des Geschehens. Wie auch immer die Entscheidung zwischen den Alternativen entscheidet, sie wählt sich selbst und damit ihren Entscheider. Der Entscheider ist der wahre Parasit dieses Geschehens, und dies, ergänzt Luhmann, meist unbemerkt.

Vor dem Hintergrund dieser Beschreibung versteht man, daß eine Organisation nolens volens zwei Mysterien produziert, ein Mysterium der Entscheidung und ein Mysterium der Hierarchie.[110] Das Mysterium der Entscheidung ist das Mysterium

---

108   "Die Paradoxie des Entscheidens", in: Verwaltungsarchiv 84 (1993), S. 287-310.

109   Dazu ist lesenswert: Sören Kierkegaard, Entweder - Oder. Aus dem Dänischen von Heinrich Fauteck, München: dtv, 1975, insbes. S. 704 ff., der die Disjunktion von Entweder-Oder als Interjektion, also die Unterscheidung als Unterscheidung *und* Einheit der Unterscheidung beschreibt und *daraus* den Unterschied zwischen Ethik (= Disjunktion) und Ästhetik (= Interjektion) gewinnt.

110   Luhmann, "Die Paradoxie des Entscheidens", a.a.O., S. 288.

der Rationalität, das dem Entscheider dazu dient, sich im Fall des Falles aus der Affäre zu ziehen. Und Mysterium der Hierarchie dient dazu, jene Möglichkeit zur unbemerkt parasitären Selbstinszenierung des Entscheiders auf die Stellen zu begrenzen, wo man sie kontrollieren zu können glaubt, nämlich auf die oberen Enden der Hierarchie.

Eine Organisation wird sehr viel Zeit darauf verwenden, dort gar nicht erst Entscheidungen zuzugestehen, wo sie keine Entscheider zuzugestehen bereit ist. Sie wird immer eine Selbstbeschreibung mitführen, die große Bereiche der Organisation aus dem organisationsrelevanten Geschehen ausschließt. Sie produziert einen Begriff von sich selbst, der Teile ihrer selbst auszugrenzen erlaubt. Damit wird die Paradoxie zur Stimulanz der Organisationswirklichkeit, ja geradezu zum Motor des Organisationsaufbaus. Es ist dann nur noch die Frage, wie lange die Organisation das mit sich selbst machen läßt. Und es ist eine weitere Frage, wie weit die Organisationstheorie diesen Mysterien auf den Leim zu gehen und den Entscheidungsbegriff zur Entscheidung zu stellen bereit ist. Oder geht es ihr nur darum, diese Entscheidung treffen und auf diese Weise sowohl im Dunkeln wie auch im Spiel bleiben zu können?

Die Zeit der Entscheidung

Eine der wichtigsten Eigenheiten der Entscheidung liegt darin, daß sie gleichsam gegen den geschichtlichen Strom der Zeit gebaut ist. Während wir es gewöhnt sind, Ereignisse als festgelegt durch die Vergangenheit und offen gegenüber der Zukunft zu betrachten, liegt die Leistung der Entscheidung, wie

Luhmann herausarbeitet,[111] darin, sich durch die Bindung an eine bestimmte erwartete und durch die Entscheidung selbst mit herbeizuführende Zukunft festzulegen und diese Bindung dazu zu benutzen, gegenüber der Vergangenheit Freiheitsgrade einzuführen. Die Entscheidung akzeptiert also nicht den Lauf der Dinge, sondern sie kehrt ihn gegen sich selbst zugunsten bestimmter gewünschter oder auch nur möglicher anderer Zustände. Sie läßt sich nicht durch die Vergangenheit determinieren, sondern nur durch die Zukunft. Wer sich entscheidet, entscheidet sich gegen eine Vergangenheit und für eine Zukunft – und tut gut daran, für diese Zukunft wiederum Referenzen in der Vergangenheit zu suchen.

Ein solcher temporalisierter Entscheidungsbegriff hat zahlreiche Konsequenzen, von denen hier nur drei hervorgehoben werden sollen.

Erstens gilt das, was hier für *eine* Entscheidung gesagt ist, für *jede* Entscheidung. Jede Entscheidung verhält sich gegenüber der vorangegangenen Entscheidung, die sich durch eine bestimmte Zukunft binden ließ, wiederum auflösend, indem sie sich an ihre Zukunft bindet, die die gleiche, aber auch eine andere sein kann. Dadurch wird das Entscheidungsgeschehen in einem hohen Maße selbstkorrekturfähig, so daß es aufnahme- und abbildungsfähig wird für eine Fülle von Gründen, Rücksichten und Absichten, sich so oder anders zu entscheiden.

Mit jeder Entscheidung steht man vor der Entscheidung, Bindungen (also Zukünfte) vorheriger Entscheidungen aufzulösen oder zu bestätigen. Nur so ist es überhaupt möglich, Entscheidungsverfahren kristallisieren zu lassen, die ihren eigenen Ablauf festlegen können. Aber dies ist nur möglich, weil in jedem Moment eine einzige Entscheidung genügt, die Erwartung eines bestimmten Ablaufs auch wieder aufzulösen. Frei-

---

[111] "Die Paradoxie des Entscheidens", a.a.O., S. 291.

lich kann dies nicht jeder beliebigen Entscheidung gelingen, sondern nur derjenigen, die innerhalb eines rekursiv sich selbst festlegenden ("autopoietischen") Netzwerkes von Entscheidungen als Entscheidung überhaupt wahrgenommen wird und Geltung hat.

Eine zweite Konsequenz ist, daß Entscheidungen nur dann eine Rolle spielen können, wenn es etwas zu entscheiden gibt, das heißt wenn wir es weder mit anarchischen noch mit vollständig determinierten Verhältnissen zu tun haben. Anarchische Verhältnisse sind solche, in denen es unmöglich ist, mit einer Entscheidung andere Entscheidungen dazu zu bewegen, an vorherige anzuknüpfen. Determinierte Verhältnisse sind solche, in denen bereits alles entschieden ist und keine Freiheitsgrade mehr bestehen, so oder anders zu entscheiden. Eine Entscheidung muß, so G.L.S. Shackle,[112] immer ein Beginn von etwas sein – und ein solcher Beginn setzt voraus, daß die Zukunft weder unbeeinflußbar noch unveränderbar, sondern im wesentlichen unbekannt ist. Erst die Offenheit, die Unbekanntheit der Zukunft, setzt Entscheidungen frei, sich durch eine bestimmte gewünschte, aber unsichere Zukunft in seinem gegenwärtigen Verhalten bestimmen zu lassen.

Eine andere Formulierung für diese Unbekanntheit der Zukunft, ohne die es zur Entscheidung gar nicht erst kommen könnte, bietet das Heinz von Foerstersche Theorem oder "metaphysische Postulat": "Nur *die* Fragen, die im Prinzip unentscheidbar sind, können *wir* entscheiden." Und dies aus dem einfachen Grunde, "weil die entscheidbaren Fragen schon entschieden sind durch die Wahl des Rahmens, in dem sie gestellt werden, und durch die Wahl von Regeln, wie das, was wir 'die Fra-

---

112   "Information, Formalism, and Choice", in: Mario J. Rizzo, Hrsg., Time, Uncertainty, and Disequilibrium: Exploration of Austrian Themes, Lexington, Mass. 1979, S. 19-31.

ge' nennen, mit dem, was wir als 'Antwort' zulassen, verbunden wird. Aber wir stehen nicht unter Zwang, nicht einmal dem der Logik, wenn wir über prinzipiell unentscheidbare Fragen entscheiden. Es besteht keine äußere Notwendigkeit, die uns zwingt, derartige Fragen irgendwie zu beantworten. Wir sind frei! Der Gegensatz zu Notwendigkeit ist nicht Zufall, sondern Freiheit. Wir haben die Wahl, wer wir werden möchten, wenn wir über prinzipiell unentscheidbare Fragen entschieden haben."[113]

Das ist die gute Nachricht, sagt von Foerster. Die schlechte Nachricht ist, daß wir für diese Entscheidungen dann auch Verantwortung übernehmen müssen. Die Verantwortung ist der Preis für die Paradoxie, auf die wir uns einlassen, wenn wir unser Verhalten mit Verweisen auf eine unbekannte Zukunft festlegen.

Das Unentscheidbare, in dem wir unsere Freiheit realisieren, verlangt von uns, daß wir es entscheiden, mit der Konsequenz, daß jede der Entscheidungen, auf die es in irgendeiner Weise ankommen kann, eine Unentscheidbarkeit markiert, das heißt auf eine Unentscheidbarkeit aufmerksam macht. Es gibt keine Entscheidung ohne diese Erfahrung der Unentscheidbarkeit, keine Bestimmung ohne die Erfahrung der Unbestimmbarkeit, keine Entscheidung ohne die Möglichkeit der Kritik dieser Entscheidung.

Die Philosophie der Dekonstruktion macht das auf ihre Weise zum Thema und ist genau in diesem Punkt eine gegenwärtigen Erfahrungen mit Organisation und Management kongeniale Metaphysik. "Deconstruction is the case," sagt Jacques Derrida daher zurecht.[114] Allerdings müssen Dekonstruktivi-

---

113   KybernEthik, Berlin: Merve, 1993, S. 73.

114   "Some Statements and Truisms about Neologisms, Newisms, Postisms, Parasitisms, and Other Small Seismisms",

sten vor allem im Lager der Literaturwissenschaftler vom Meister dann auch immer wieder einmal daran erinnert werden, daß die Unentscheidbarkeit Entscheidungen nicht etwa unmöglich, sondern allererst möglich macht – einschließlich der Möglichkeit, wieder auf sie zurückzukommen und mithilfe anderer Entscheidungen auf andere Unentscheidbarkeiten zu stoßen.[115]

Eine dritte Konsequenz des temporalisierten Entscheidungsbegriffs schließlich besteht darin, daß einfache Vorstellungen einer homogenen Zeitordnung der Entscheidungsdynamik in Organisationen nicht mehr zureichen, weil sie eine meßbare, stabile, regelmäßige, addierbare, substrahierbare und teilbare Zeit unterstellen. Statt dessen, so zeigt Peter Clark, ist die Zeitordnung einer Organisation rekursiv und heterogen, instabil und variabel.[116]

Mit jeder einzelnen Entscheidung rekonstruiert die Organisation eine Zukunft, von der sie sich bestimmen, und eine Vergangenheit, von der sie sich nicht bestimmen läßt. Mit jeder einzelnen Entscheidung entdeckt sie, daß Entscheidungen, eingespannt in ein rekursives Netzwerk von Entscheidungen, nur sein können, was sie innerhalb dieses Netzwerks sein können, in das bestimmte Vorstellungen über mögliche Zukünfte und

---

in: David Carroll, Hrsg., The States of "Theory": History, Art, and Critical Discourse, New York: Columbia UP, 1990, S. 63-94, hier: S. 85.

[115] So etwa in: Jacques Derrida, "Vers une éthique de la discussion", in: ders., Limited Inc. Présentation et traductions par Elisabeth Weber, Paris: Galilée, 1990, S. 199-285.

[116] "Chronological Codes and Organizational Analysis", in: John Hassard, Denis Pym, Hrsg., The Theory and Philosophy of Organisations: Critical Issues and New Perspectives, London: Routledge, Paul & Kegan, 1990, S. 137-163.

nicht mehr bindende Vergangenheiten bereits eingelassen sind. So ist die einzige Vorstellung, die der Zeitordnung einer Organisation gerecht werden zu können scheint, die Vorstellung einer mehrschichtigen, komplexen, asynchronen, aber fallweise synchronisierbaren Zeitordnung.

Daran drohen alle allzu einfachen Vorstellungen von lean management und lean production zu scheitern, wenn sie auf nichts anderes hinauswollen als auf eine Beschleunigung der meßbaren Zeit. Die Modellbeschreibung in der MIT-Studie von James P. Womack, Daniel T. Jones und Daniel Roos zeigt jedoch, daß es nicht die Beschleunigung ist, auf die es in der lean production ankommt, sondern der Einbau rekursiver Beobachtungsschleifen in alle Produktionsabläufe.[117] Deren Kontrolle allerdings wird primär nicht mehr nur sachlichen Kriterien oder sozialen Verantwortungen überlassen, sondern Engführungen unter Rückgriff auf die Steigerung des Zeitdrucks.

Man mag es als die Ironie der Sache bezeichnen, daß ausgerechnet ein Interesse an der Optimierung der Kontrolle der Verhältnisse den Blick auf jene indeterminierbaren, aber selbstdeterminierenden Prozesse der Selbstorganisation lenkt, die einzig in der Lage sind, die Unentscheidbarkeiten aufzufangen und zu reproduzieren, die mit allen wirklichen Entscheidungen einhergehen.

---

117 The Machine That Changed the World, New York: Maxwell Macmillan, 1990.

Nachbarschaftspflege

Daß gestandene Wirtschaftswissenschaftler immer noch kaltblütig auf die Aufregungen der Managementphilosophen reagieren, liegt nicht nur an ihrem Naturell oder daran, daß sie mit ihren mathematischen Modellen beschäftigt sind, sondern vor allem daran, daß alle Experimente postheroischen Managements immer noch um die Frage kreisen, die Ronald Coase bereits 1937 gestellt hat: Zahlt es sich aus, bestimmte Transaktionen der Autorität der Organisation zu unterstellen oder sollte man sie statt dessen der "Organisation" durch den Preismechanismus, also durch Märkte, überlassen?[118] Die gegenwärtigen Experimente mit der Organisation der Unternehmen fügen sich noch immer der Erwartung von Coase, daß Geschäftsleute ständig experimentieren werden, ob sie bestimmte Abläufe, Produktionen, Verfahren und Entscheidungen auf dem Markt nachfragen oder im eigenen Unternehmen herstellen.

Das Kriterium der Experimente sind die Kosten. Und dieses Kriterium gilt, wie auch immer sich die Kontrollmöglichkeiten der Herstellungsprozesse im Unternehmen oder die Bedingungen der Verläßlichkeit der Angebote auf dem Markt verschieben mögen. Welche Gründe also sprechen dagegen, die Untersuchung von Kontrollmöglichkeiten und Verläßlichkeitsbedingungen anderen Experten zu überlassen und die wirtschaftswissenschaftliche Arbeit auf die Beschreibung mathematischer Gleich- und Ungleichgewichtsmodelle mit und ohne zunehmende Ertragsraten, mit und ohne informationelle Asymmetrien zu beschränken? Auch das ist nur eine Frage der Transaktionskosten.

---

[118] "The Nature of the Firm", in: Economica 4 (1937), zitiert nach dem Wiederabdruck in: ders., The Firm, the Market, and the Law, Chicago: Univ. of Chicago Pr., 1988, S. 33-55.

Schwierig wird es erst, wenn das Verhältnis zwischen den Transaktionen in einem Unternehmen und den Transaktionen auf dem Markt nicht mehr substitutiv, sondern komplementär gedacht wird. Die in Grenzen kontrollierbare Produktion kostengünstiger Transaktionen innerhalb eines Unternehmens setzt dann die gleichzeitige und unkontrollierbare Verfügbarkeit kostengünstiger Transaktionen auf einem Markt voraus. Die Grenze zwischen Organisation und Markt ist dann keine Grenze des analytischen Vergleichs mehr, sondern eine Grenze, die man braucht, um Leistungen auf beiden Seiten der Grenze in Abhängigkeit und Unabhängigkeit voneinander steigern zu können. Und das ist ein Punkt, der die Wirtschaftswissenschaft wieder interessieren kann, wie vor allem die Arbeiten von Paul Milgrom und John Roberts vor Augen führen.[119]

Die Frage nach komplementären Beziehungen zwischen den beiden Seiten einer Grenze führt ins Zentrum gegenwärtiger managementphilosophischer und organisationstheoretischer Bemühungen, die darin konvergieren, einen Netzwerkbegriff auszuarbeiten, dem alle diejenigen Eigenschaften erfolgreicher Organisation zugeschrieben werden können, die weder auf der Seite geschlossener Unternehmensorganisation noch offener Märkte untergebracht werden können.

Das führt dazu, daß viele gewohnte Begriffe der Beschreibung wirtschaftlicher Abläufe korrigiert werden – beziehungsweise, solange neue Begriffe nicht zur Verfügung stehen, dekonstruiert werden. Das gilt für den Begriff des Eigentums, das stärker als je zuvor nicht mehr nur der Abweisung externer Zugriffe, sondern in erster Linie und vor allem der Heranzitier-

---

[119] "The Economics of Modern Manufacturing: Technology, Strategy, and Organization", in: American Economic Review 80, 1990, S. 511-528; dies., Economics, Organization and Management, Englewood Cliffs, NJ: Prentice Hall, 1992.

und Spezifizierbarkeit dieser Eingriffe dient. Das gilt auch für den Begriff des Vertrags, der nicht mehr nur der Entmutigung ungewünschten Verhaltens, sondern vor allem der vorsichtigen Ermutigung noch gar nicht absehbaren Verhaltens dient.

Und das gilt nicht zuletzt auch für den Begriff der Größe einer Organisation, die eben nicht mehr nur an der Verfügung über eigene Ressourcen und auch nicht an Marktanteilen gemessen wird, sondern, wie Tom Peters vorschlägt,[120] am möglichen Zugriff auf Netzwerkleistungen, und zwar vor allem auf solche, die je gegenwärtig noch gar nicht absehbar, geschweige denn präzisierbar sind. Das ist auch der Grund dafür, daß alle Versuche, ein Netzwerk dadurch zu beschreiben, daß man bestimmte Verbindungen (oder Maschen) zwischen bestimmten Knoten definiert, aussichtslos sind. Nicht bereits die aktuellen, sondern vor allem die *aktualisierbaren* Beziehungen konstituieren ein Netzwerk.[121] Und die aktualisierbaren Beziehungen sind solche, die die Veränderung der Zustände auf den beiden Seiten der Grenze zwischen Markt und Organisation sowohl überdauern als auch ermöglichen.

Freilich ist die Orientierung an und in Netzwerken alles andere als einfach. Man ist strikt auf Nachbarschaftsbeziehungen angewiesen, um sich zurechtzufinden. Das heißt, es gibt kaum Stellen, an die man sich wenden könnte, um einen Überblick über das Ganze zu bekommen. Welche Stelle könnte dies auch leisten? Wie sollte man über aktualisierbare Beziehungen informieren können, solange diese nicht aktualisiert sind und nur

---

120   Liberation Management: Necessary Disorganization for the Nanosecond Nineties, London: Pan Books, 1993.

121   So Ulrich Mill und Hans-Jürgen Weißbach, "Vernetzungswirtschaft: Ursachen, Funktionsprinzipien, Funktionsprobleme", in: Thomas Malsch und Ulrich Mill, Hrsg., ArBYTE: Modernisierung der Industriesoziologie? Berlin: sigma, 1992, S. 315-342.

von bestimmten Blickpunkten aus überhaupt als aktualisierbar erscheinen können? Das einzelne Unternehmen, ja tatsächlich sogar nur der einzelne Arbeitsablauf bestimmt, was für ihn ein Problem ist, für das nach einer Lösung im Netzwerk gesucht werden muß, oder was für ihn eine Lösung ist, dessen Problem im Netzwerk erst noch gefunden werden muß. Netzwerke organisieren sich nicht als Ganzes, sondern von Fall zu Fall.

Nur so kann auch das Problem bearbeitet werden, daß mit jeder Netzwerkbeziehung nicht nur bestimmte andere ausgeschlossen werden, sondern wichtiger noch viele andere überhaupt erst in den Bereich des Möglichen rücken. Jede Kapitalaufnahme rückt zahlreiche und unterschiedlich kombinierbare Kapitalquellen in (und außer) Reichweite. Jede Kontaktierung eines anderen Unternehmens impliziert Kontakte zu weiteren Unternehmen (und schließt wiederum andere aus). Das Unternehmen, das EDV-Anlagen verkauft, hat auch einen Organisationsberater an der Hand (um den man dann nicht herumkommt). Das Unternehmen, das Rohstoffe anbietet, erschließt auch Zugänge zu politischem Einfluß (oder verbaut sie). Und so weiter.

Netzwerke halten eine Komplexität möglicher Beziehungen parat, die von der Spitze eines Unternehmens weder überschaut noch sinnvoll sortiert werden können. Das kann man nur den einzelnen Abteilungen und den Stellen der eigenen Organisation überlassen. Natürlich riskiert man damit, daß sich die eigene Organisation unter der Hand laufend verändert. Denn die Stellen sind dann nicht mehr nur über Kontakte mit anderen Stellen derselben Organisation spezifizierbar und ansprechbar, sondern auch über Kontakte mit Stellen anderer Organisationen.

Nicht zuletzt deswegen sind große Unternehmen, wenn sie nicht eine hochgradige Autonomie ihrer Abteilungen und Stellen zulassen, alles andere als Netzwerkkünstler. Sie geben die

Definitionsmacht dessen, was von wem warum zu tun ist, nicht aus den Händen. Und nicht zuletzt deswegen setzt man auf kleine und mittelständische Unternehmen, die auf Nachbarn, Partner, Informanten und Berater nicht nur angewiesen sind, sondern sie überhaupt erst ins Leben rufen.

Die Organisation ist heute mehr denn je eine Funktion des Netzwerks, an dem sie partizipiert und von dem sie abhängig und unabhängig zugleich ist. Dieses Netzwerk steht sowohl für die Märkte, auf denen eine Organisation Arbeit, Kapital, Güter und Dienstleistungen einkauft und verkauft, wie auch für die wechselnden Organisationen, die auf diesen Märkten dieses und anderes anbieten und nachfragen. Das Netzwerk ist somit, wenn man so will, ein Begriff für die Austauschbarkeit der Unternehmen, mit denen ein Unternehmen ins Geschäft kommen möchte. Diese Austauschbarkeit beruht auf substitutiven *und* komplementären Beziehungen oder kurz: auf der Kontingenz von Beziehungen, das heißt auf Beziehungen, die entsprechend dem Begriff von Kontingenz *weder notwendig noch unmöglich* sind.

Wenn an die Stelle der Marktabhängigkeit der Unternehmensorganisation, die ihrerseits ein Nachfolger der Technikabhängigkeit ist, heute zunehmend ihre Netzwerkabhängigkeit tritt, so ist damit zunächst nur ein Perspektivenwechsel verbunden, der auf etwas aufmerksam macht, was in gewisser Weise immer schon Gültigkeit hatte. So wie es noch nie eine Organisation unabhängig von einem Netzwerk mit anderen Organisationen gab, so erübrigt heute natürlich die Netzwerkabhängigkeit weder die Technik- noch die Marktabhängigkeit. Beide werden im Gegenteil sowohl reformuliert als auch forciert.

Neu allerdings ist, daß die Aufmerksamkeit auf ein Portfolio von Möglichkeiten in den Begriff der Organisation selbst mitaufgenommen wird. Man entwickelt einen Mut zur Auflösung und Rekombination gewohnter organisationaler Abläufe und Selbstverständlichkeiten, der weder vor sachlichen noch sozialen noch zeitlichen Faktoren Halt macht. Natürlich haben sich Begriffe wie Kapital, Arbeit und Organisation immer schon vor allem deswegen bewährt, weil es ihnen nicht darauf ankommt, ob ein Unternehmen ein Handelsunternehmen oder eine mafiöse Organisation, ein Familienunternehmen oder ein Großkonzern, eine spekulative hit-and-run-Veranstaltung oder eine Investition in eine unbekannte Zukunft ist – oder gar eine Kombination solcher und anderer Möglichkeiten. Unter dem Blickwinkel der Netzwerkorganisation wird jedoch erstmals auffällig, wie schnell die eine Form in eine andere umkippen kann und wie leicht eine Form, die für die einen dies ist, für die anderen ganz etwas anderes sein kann.

Nachweise

Folgende Kapitel sind an den genannten Tagen und zum Teil unter anderen Titeln im "Blick durch die Wirtschaft" erschienen:

Der Laden: 4. 11. 1991 / Turbulenzforschung: 22. 10. 1990 / Die Präferenz für das Kurzfristige: 7. 8. 1990 / Das Dilemma der Rationalität: 12. 11. 1990 / Streßgefahren: 26. 11. 1990 / Deadlines für Teamarbeit: 3. 12. 1990 / Gute Gründe für Hierarchie: 10. 12. 1990 / Die Romanze der Führerschaft: 17. 12. 1990 / Vorliebe für schlecht-definierte Systeme: 24. 12. 1990 / Überraschungen mit neuen Technologien: 31. 12. 1990 / Die vagabundierende Führung: 7. 1. 1991 / Vom Schaden der Rücksicht: 14. 1. 1991 / Der gekochte Frosch: 21. 1. 1991 und 28. 1. 1991 / Kontrolle heißt Kommunikation: 4. 2. 1991 / Kulturen der Mitbestimmung: 18. 2. 1991 / Verdienen wir, was wir verdienen? 25. 2. 1991 / Innovation hart am Markt: 4. 3. 1991 / Woran sich Unternehmen erinnern: 18. 3. 1991 / Erwartungen an neue Techniken: 25. 3. 1991 / Unternehmensberatung mit Büchern: 15. 4. 1991 / Warten auf die Revolution: 8. 4. 1991 / Lose Kopplung: 22. 4. 1991 / Vom Nutzen ungelöster Probleme: 29. 4. 1991 / Eine Wirklichkeit zweiter Ordnung: 6. 5. 1991 / Politische Ökonomie der Symbolanalyse: 13. 5. 1991 / Aufmerksamkeit auf Zufälle: 24. 5. 1991 / Die Zukunft der Arbeit: 10. 6. 1991 / Organisationen als Mülleimer: 15. 7. 1991 / Die Chance des neuen Kollegen: 29. 7. 1991 / Unternehmen als Spiele: 16. 8. 1991 / Seid Bienen wie die Fliegen! 2. 9. 1991 / Kommunikation ist kein Schlagwort: 11. 12. 1991 / Jenseits von Kosten und Nutzen: 23. 12. 1991 / Das Gesetz der Abstimmung: 3. 2. 1992 / Die Kommunikation hilft sich selbst: 16. 3. 1992 / Komplexität als Problem: 2. 4. 1992 / Komplexität als Lösung: 13. 4. 1992 / Die Lösung des Problems: 18. 5. 1992 / Muß man Menschen motivieren? 29. 5. 1992/ Vorschläge für das nächste Jahrtausend: 30. 6. 1992 / Der Unternehmer als Chinese: 7.7. 1992 / Strategien aus dem Handbuch: 20. 7. 1992 / Zurück zum gesunden Menschenverstand: 5. 8. 1992 /

Krise der Warenproduktion: 7. 9. 1992 / Über die Ehre des Managers: 2. 11. 1992 / Marktwirtschaft als Planwirtschaft: 24. 11. 1992 / Die Absicht der Planung: 4. 1. 1993 / Management mit den Mitteln der Organisation: 13. 4. 1993 / Das Geheimnis der Wirtschaftsethik: 15. 3. 1993

bisher unveröffentlicht:

Zurück zu den Sachen / Die Effizienz des Widerspruchs / We never cease to attack this paradox / Das Prinzip der Ungewißheitsabsorption / Die implizite Organisation / Der Grundbegriff der Entscheidung / Das Mysterium der Entscheidung / Die Zeit der Entscheidung / Nachbarschaftspflege

INTERNATIONALER MERVE DISKURS